万葉線
富山ライトレール
富山地方鉄道市内線
東急世田谷線
都電荒川線

大人の
趣味採集帳

ぬりつぶし

全国 路面電車の旅・手・帖

旅と鉄道編集部・著

技術評論社

大人の趣味採集帳シリーズ

〈ぬりつぶし〉「全国路面電車」の旅手帖

本書の掲載データは2016年9月20日時点のものです。情報、地図上に表示したものが、発行後に変更になることがあります。予めご了承ください。
本書の地図はぬりつぶしを目的として制作しています。情報は正確に提供しておりますが、実際に路面電車に乗車、また沿線を散策する際には、詳しい地図や、各運行会社の案内をご利用ください。

本書の読み方・使い方

本書は全国の路面電車、全19路線を収録しています。各路線は、❶路線概要と主な車両、❷ぬりつぶしができる路線図入り地図、❸主な観光スポットとメモページ、の3つでセットになっています。路線図には路面電車の見どころ・撮影ポイントなども載せました。行ってみたい路線を選んで、お気に入り手帖に仕上げましょう。以下に使い方の例をご紹介します。

撮影ポイント

車両と風景がマッチする撮影ポイントを紹介。想い出に残るショットを残しましょう。

鉄道的見どころ

路面電車にも車庫や鉄道施設など、鉄道らしい風景があります。ちょっと寄り道して覗いてみましょう。

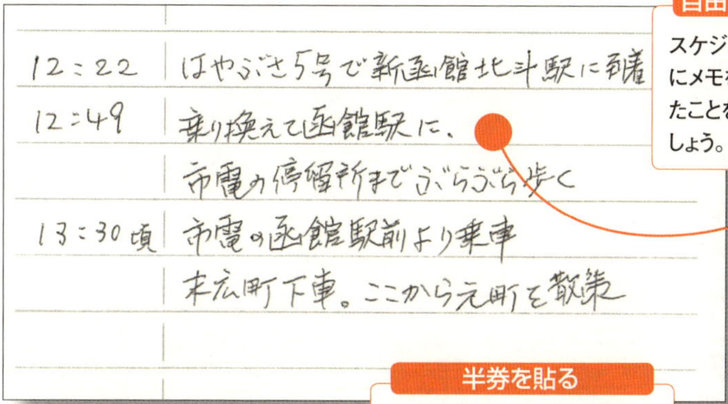

自由に書き込みましょう

スケジュールは覚えているうちにメモを。感じたこと、気に入ったことを書いておくのもいいでしょう。

半券を貼る

手元に残った半券や入場券などは、このページに貼っておきましょう。

凡例

方位	▲
縮尺	0 ―― 500m
路面電車の停留所	◎
その他鉄道の駅	○
観光スポット	📍
行政界	‐・‐・‐
路面電車	═
JR	―
私鉄	―
JRの地下線	- - -
私鉄の地下線	- - -
JR・私鉄の側線	―
海・川・湖沼	▭
川・水路	―
路面電車の停留所名	松原
その他の鉄道の駅名	梅ヶ丘
路線注記	小田急線
観光スポット	代官屋敷
自治体名	渋谷区
河川名	荒　川
公園	▭
到達注記	→

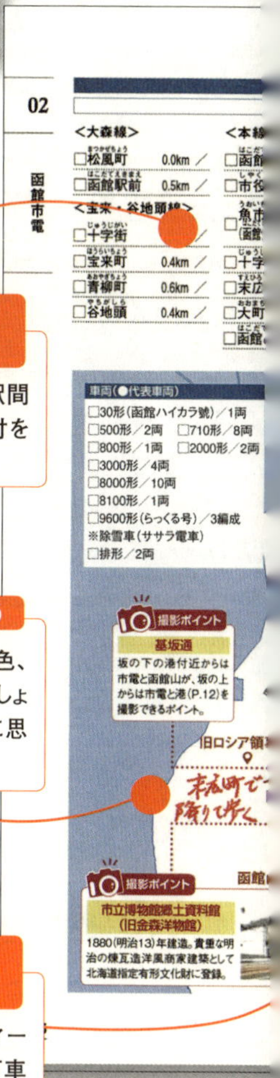

読み方が分かる停留所一覧

停留所名には、読み方、駅間の営業キロも。乗った日付を書き込むこともできます。

気付いたらメモしよう

乗った車両、気に入った景色、寄り道したところをメモしましょう。地図上なら後で正確に思い出せます。

乗った停留所間をぬりつぶそう

乗った分だけ色鉛筆やマーカーでぬりましょう。途中下車してまた乗った場合など、色を使い分けてもいいでしょう。

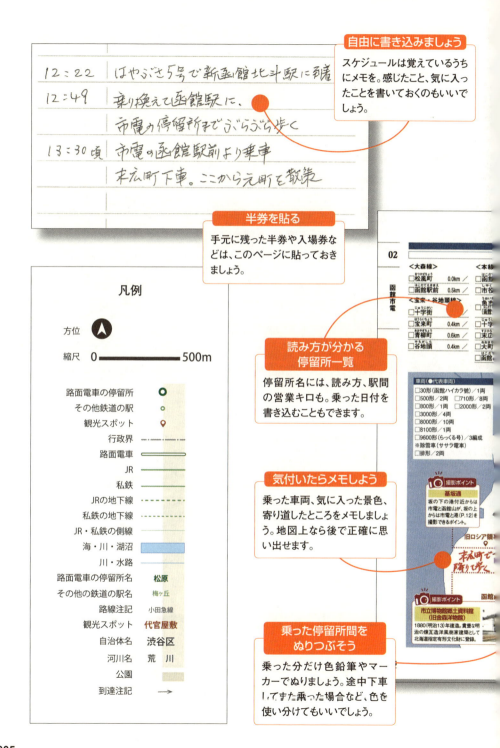

西線 16 条付近を行く240 形。後ろは藻岩山。ロープウェイも見える。

札幌市電《さっぽろしでん》

市街地の南西部をぐるぐる回る札幌市電。環状運転が始まって、市民の日常の足として便利に、旅行者にとってもより使いやすくなった。

大通りからすすきのや藻岩山へGO

2015年12月20日、西4丁目とすすきの間が開業して、路線が環状になった。市民にとって便利になったことはもちろん、札幌に不慣れな旅行者にも、分かりやすく、かつ利用しやすくなった。まず市電で街を一巡すれば、地理や位置関係、距離間などがつかめて、札幌の街歩きをより楽しむことができる。

札幌市電は地下鉄の路線がない市内南西部を走っている。沿線には、雪祭りの会場となる大通公園や、時計台、北大植物園、札幌市資料館、中島公園などの名所、観光地がずらり。藻岩山へ行く場合は、市電のロープウェイ入口電停で下車し、ロープウェイ乗り場行きの無料のシャトルバスを利用するのがもっとも便利だ。山頂からは、石狩平野や石狩湾の大パノラマが望める。市街地の夜景も見事。夜景を楽しんだら、再び市電ですすきのへ繰り出したい。

A1200形

愛称は「ポラリス」。札幌市電初の超低床車で、車両はアルナ車両のリトルダンサーシリーズ。2013年から運転を開始。

8500形

1985年に20年ぶりの新製車として登場した、札幌市電初のVVVFインバータ制御車。前面の大型方向幕が特徴。

3300形

330形の電装品を用いて車体を新製した車体更新車。シングルアームパンタグラフやLEDの停車灯を装備している。

その他の車両　1958～1962年に製造された210形、220形、240形、250形が18両健在。ササラ電車は、雪1形3両と雪10形の4両が活躍中。

北海道鉄道技術館
苗穂
札幌市白石区
菊水
学園前
札幌市豊平区
美園
0
500m

撮影ポイント

狸小路

北海道最古で最大規模のアーケード商店街。2015年に狸小路前を通る市電路線が開通。アーケード入口を横切る市電の姿は札幌の新景観だ。

撮影ポイント

すすきの

言わずと知れた190万人の人口を擁する札幌最大の繁華街。市電の夜景撮影のポイントとしても最適だ。

車両

- □210形／4両　□220形／2両
- □240形／7両　□250形／5両
- □M100形／1両　□8500形／2両
- □8510形／2両　□8520形／2両
- □3300形／5両
- □A1200形（ポラリス）／3両

※ブルーム式除雪車（ササラ電車）
- □雪1形／3両　雪10形／1両

札幌市交通資料館

札幌市電10両のほか、地下鉄車両5両、市バス4両を展示する。地下鉄南北線自衛隊前駅下車徒歩1分。

tramcar in JAPAN 01

札幌市電

さっぽろしでん

営業距離	8.905km
停留所、駅数	24
運　　賃	170円／1回、310円／1日乗車券どサンこパス（おとな1人＋こども1人）
事業会社	札幌市交通局（札幌市）
Webサイト	http://www.city.sapporo.jp/st/index.html

CHECK LIST

路線

- □西4丁目～西15丁目（一条線）
- □西15丁目～中央図書館前（山鼻西線）
- □中央図書館前～すすきの（山鼻線）
- □西4丁目～すすきの（都心線）

運行、系統

- □環状線外回り（時計回り）
- □環状線内回り（反時計回り）

停留所

＜一条線＞

- □西4丁目《にしよんちょうめ》　0.0km　／
- □西8丁目《にしはっちょうめ》　0.5km　／
- □中央区役所前《ちゅうおうくやくしょまえ》　0.4km　／
- □西15丁目《にしじゅうごちょうめ》　0.5km　／

＜山鼻西線＞

- □西15丁目《にしじゅうごちょうめ》　0.0km　／
- □西線6条《にしせんろくじょう》　0.6km　／
- □西線9条旭山公園通《にしせんくじょうあさひやまこうえんどおり》　0.3km　／
- □西線11条《にしせんじゅういちじょう》　0.4km　／
- □西線14条《にしせんじゅうよじょう》　0.5km　／
- □西線16条《にしせんじゅうろくじょう》　0.4km　／
- □ロープウェイ入口《ろーぷうぇいいりぐち》　0.4km　／
- □電車事業所前《でんしゃじぎょうしょまえ》　0.3km　／
- □中央図書館前《ちゅうおうとしょかんまえ》　0.3km　／

＜都心線＞

- □すすきの　0.0km　／
- □狸小路《たぬきこうじ》　0.2km　／
- □西4丁目《にしよんちょうめ》　0.4km　／

＜山鼻線＞

- □中央図書館前《ちゅうおうとしょかんまえ》　0.0km　／
- □石山通《いしやまどおり》　0.3km　／
- □東屯田通《ひがしとんでんどおり》　0.3km　／
- □幌南小学校前《こうなんしょうがっこうまえ》　0.4km　／
- □山鼻19条《やまはなじゅうくじょう》　0.3km　／
- □静修学園前《せいしゅうがくえんまえ》　0.4km　／
- □行啓通《ぎょうけいどおり》　0.3km　／
- □中島公園通《なかじまこうえんどおり》　0.5km　／
- □山鼻9条《やまはなくじょう》　0.3km　／
- □東本願寺前《ひがしほんがんじまえ》　0.3km　／
- □資生館小学校前《しせいかんしょうがっこうまえ》（西創成《にしそうせい》）　0.4km　／
- □すすきの　0.3km　／

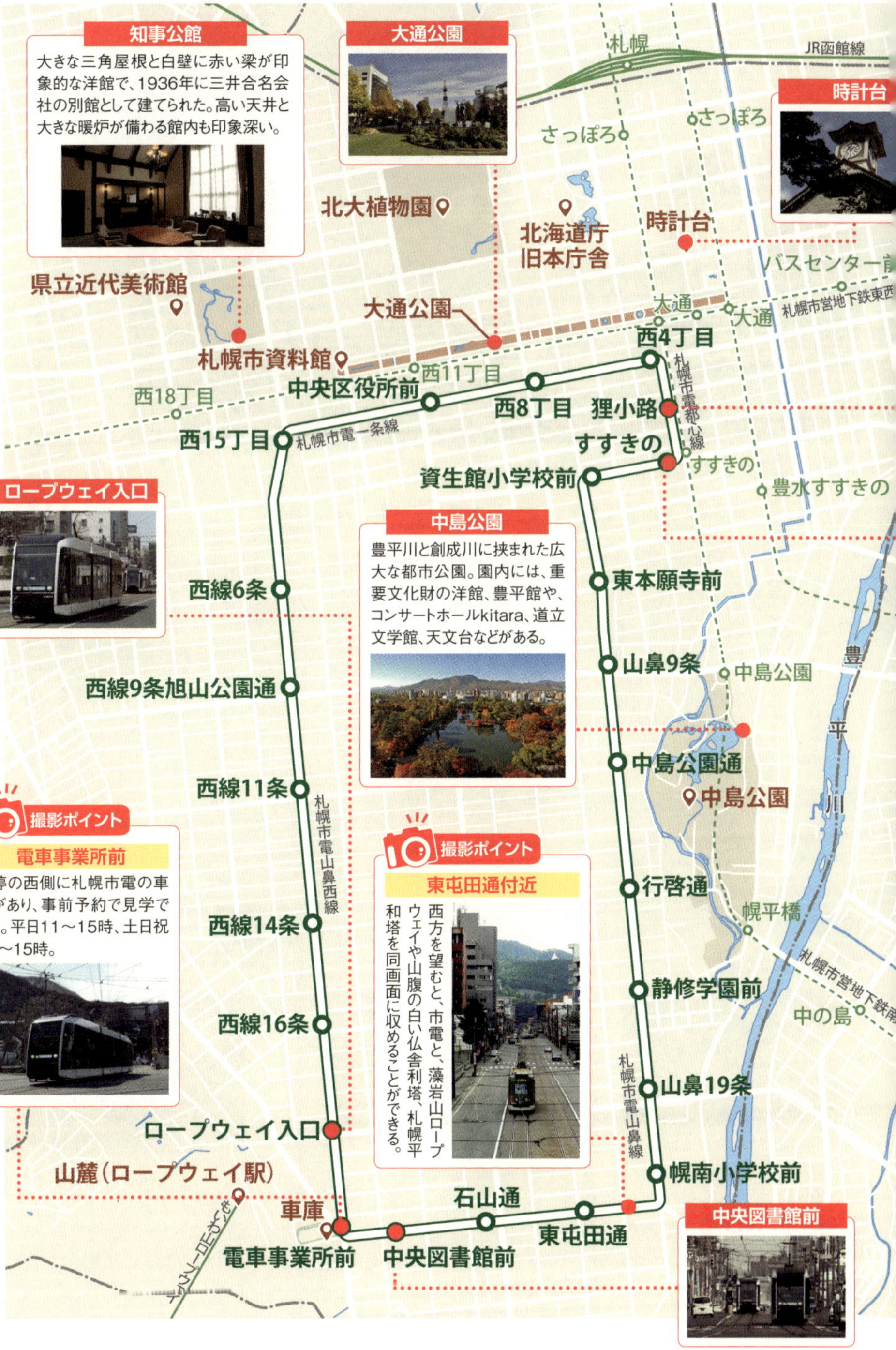
知事公館
大きな三角屋根と白壁に赤い梁が印象的な洋館で、1936年に三井合名会社の別館として建てられた。高い天井と大きな暖炉が備わる館内も印象深い。
大通公園
時計台
札幌
JR函館線
さっぽろ
さっぽろ
北大植物園
北海道庁旧本庁舎
時計台
バスセンター前
県立近代美術館
大通公園
大通
大通
札幌市営地下鉄東西線
札幌市資料館
西4丁目
西11丁目
西18丁目
中央区役所前
西8丁目
狸小路
札幌市電都心線
西15丁目
札幌市電一条線
すすきの
すすきの
資生館小学校前
豊水すすきの
ロープウェイ入口
中島公園
豊平川と創成川に挟まれた広大な都市公園。園内には、重要文化財の洋館、豊平館や、コンサートホールkitara、道立文学館、天文台などがある。
西線6条
東本願寺前
山鼻9条
中島公園
西線9条旭山公園通
豊平川
中島公園通
中島公園
西線11条
札幌市電山鼻西線
撮影ポイント
電車事業所前
電停の西側に札幌市電の車庫があり、事前予約で見学できる。平日11〜15時、土日祝日9〜15時。
撮影ポイント
東屯田通付近
西方を望むと、市電と、藻岩山ロープウェイや山腹の白い仏舎利塔、札幌平和塔を同画面に収めることができる。
行啓通
幌平橋
西線14条
静修学園前
札幌市営地下鉄南北線
中の島
西線16条
山鼻19条
札幌市電山鼻線
ロープウェイ入口
幌南小学校前
山麓（ロープウェイ駅）
もいわ山ロープウェイ
石山通
車庫
東屯田通
中央図書館前
電車事業所前
中央図書館前

見る

北海道鉄道技術館

名機C62形3号機を保存 リゾート列車や除雪車も

C62形３号機の線路脇には腕木式信号機が。屋外展示は夏季のみ

ＪＲ北海道苗穂工場の一角に設けられた、北海道の鉄道技術と文化を後世に伝える博物館。建物は１９１０（明治43）年にレンガ造りで建造された元苗穂工場の用品倉庫で、準鉄道記念物や近代化産業遺産に指定されている。

屋外には、現在は京都鉄道博物館で保存されているＣ62形２号機と重連を組んで、函館本線の急行「ニセコ」を牽引していたＣ62形３号機が、館内の１階には、キハ82形や苗穂工場で製作改造を行った「アルファコンチネンタルエクスプレス」の運転台、リゾート列車、除雪車などが、２階にはＳＬの部品や写真などを展示するコーナーが設けられており、わざわざ訪れるだけの価値がある。

見る

大通公園

札幌市の中央から東西に長さ1.3kmにわたって延びる緑地広場。テレビ塔や札幌市資料館もあり、冬の札幌雪祭りの会場としてもおなじみだ。

遊ぶ

藻岩山

ロープウェイで登頂できる標高531mの山。山頂展望台からは札幌市街や石狩湾を一望できる。藻岩山からの夜景は「新日本三大夜景」の一つだ。

見る

札幌市資料館

建物は1926年に札幌控訴院として建てられた洋館で、国の登録有形文化財。館内には「まちの歴史展示室」や「刑事法廷展示室」が設けられている。

tramcar in JAPAN 02

函館市電《はこだてしでん》

北海道新幹線開業で、より身近になった函館。
函館山、五稜郭、海の幸三昧に温泉、
高田屋嘉兵衛、土方歳三、石川啄木など、
函館ロマンを訪ねる旅は、箱館ハイカラ號で。

市電に乗って、函館情緒を満喫

北海道新幹線が開業し、鉄道でのアクセスが一段と便利になった函館。函館市電は、北海道新幹線終点の新函館北斗駅から約20分の函館駅前を中心に、函館どつく前方面、谷地頭方面、湯の川方面に路線を延ばしている。

函館どつく前方面に乗車して十字街で下車すれば、函館山ロープウェイ乗り場までは徒歩10分ほど。十字街から北に向かえば金森赤レンガ倉庫街。末広町から函館どつく前のエリアは、旧イギリス領事館、旧ロシア領事館、外国人墓地などがある、異国情緒に満ちた一角だ。

元町公園付近の坂の途中から見下ろす市電と港は、函館を代表する風景の一つ。谷地頭からは、石川啄木の墓を経て立待岬へ。湯の川方面の電車は、五稜郭を経由して湯の川温泉へ向かう。

名物電車30形「箱館ハイカラ號」は、春～秋の木曜～月曜に運転されている。

元町公園付近から見た函館市電と函館港。港の左手奥に摩周丸が見える。

9600形

2007年に登場した函館市電初の全面低床車で愛称は「らっくる号」。アルナ車両リトルダンサーシリーズ2車体連接車。

8000形

800形の車体更新車で、降車扉やステップが改良された。現在、函館市電最多の10両が在籍、主力車両となっている。

30形箱館ハイカラ號

1910年製造。1937年にササラ電車に改造されたが、1992年函館市制70周年を記念して往時の姿に復元された。

その他の車両
2000形は函館市電初のVVVFインバータ制御車。3000形は北海道の路面電車で初の冷房車。排形の2両がササラ電車として活躍している。

tramcar in JAPAN 02

函館市電

はこだてしでん

営業距離 10.9km
停留場、駅数 26
運　　賃 210円／～2km、600円／1日乗車券
事業会社 函館市企業局交通部
Webサイト https://www.city.hakodate.hokkaido.jp/bunya/hakodateshiden/

路線

□函館どつく前～函館駅前（本線）
□松風町～湯の川（湯の川線）
□十字街～谷地頭（宝来・谷地頭線）
□函館駅前～松風町（大森線）

運行、系統

□2系統：湯の川～五稜郭公園前～松風町～函館駅前～十字街～谷地頭
□5系統：湯の川～五稜郭公園前～松風町～函館駅前～十字街～函館どつく前

花電車

駒場車庫

ササラ電車

撮影ポイント

旧丸井今井百貨店（函館市地域交流まちづくりセンター）

1923（大正12）年築の鉄筋コンクリート3階建て洋館で、「東北以北最古のエレベーター」が設けられた。

CHECK LIST

停留場

＜大森線＞

- □松風町《まつかぜちょう》 0.0km ／
- □函館駅前《はこだてえきまえ》 0.5km ／

＜宝来・谷地頭線＞

- □十字街《じゅうじがい》 0.0km ／
- □宝来町《ほうらいちょう》 0.4km ／
- □青柳町《あおやぎちょう》 0.6km ／
- □谷地頭《やちがしら》 0.4km ／

＜本線＞

- □函館駅前《はこだてえきまえ》 0.0km ／
- □市役所前《しやくしょまえ》 0.3km ／
- □魚市場通《うおいちばどおり》(函館信金本店前《はこだてしんきんほんてんまえ》) 0.5km ／
- □十字街《じゅうじがい》 0.5km ／
- □末広町《すえひろちょう》 0.6km ／
- □大町《おおまち》 0.4km ／
- □函館どつく前《はこだてどっくまえ》 0.5km ／
- □杉並町《すぎなみちょう》 0.6km ／
- □五稜郭公園前《ごりょうかくこうえんまえ》 0.6km ／
- □中央病院前《ちゅうおうびょういんまえ》 0.3km ／
- □千代台《ちよがだい》 0.3km ／
- □堀川町《ほりかわちょう》 0.6km ／
- □昭和橋《しょうわばし》 0.3km ／
- □千歳町《ちとせちょう》 0.3km ／
- □新川町《しんかわちょう》 0.3km ／
- □松風町《まつかぜちょう》 0.4km ／

＜湯の川線＞

- □湯の川《ゆのかわ》 0.0km ／
- □湯の川温泉《ゆのかわおんせん》 0.5km ／
- □函館アリーナ前《はこだてありーなまえ》(市民会館前《しみんかいかんまえ》) 0.3km ／
- □駒場車庫前《こまばしゃこまえ》 0.2km ／
- □競馬場前《けいばじょうまえ》 0.3km ／
- □深堀町《ふかぼりちょう》 0.5km ／
- □柏木町《かしわぎちょう》 0.5km ／

車両

- □30形(箱館ハイカラ號)／1両
- □500形／2両
- □710形／8両
- □800形／1両
- □2000形／2両
- □3000形／4両
- □8000形／10両
- □8100形／1両
- □9600形(らっくる号)／3編成
- ※除雪車(ササラ電車)
- □排形／2両

撮影ポイント 北島三郎記念館

北島三郎の出生から現在までの半生を紹介。旧松前線の列車や青函連絡船も再現。年中無休、入館料大人1540円。

撮影ポイント 基坂通

坂の下の港付近からは市電と函館山が、坂の上からは市電と港(P.12)を撮影できるポイント。

撮影ポイント 市立博物館郷土資料館(旧金森洋物館)

1880(明治13)年建造。貴重な明治の煉瓦造洋風商家建築として北海道指定有形文化財に登録。

撮影ポイント 青柳町

青柳町電停は坂のピークにあり、谷地頭側からは空抜けの、宝来町側からは函館山バックの市電の撮影ができる。

見る

摩周丸

摩周丸は年中無休で入館料大人500円。市電函館駅前から徒歩5分。

青函連絡船摩周丸が博物館船に

かつて本州から北海道へ行くといえば、青函連絡船で函館へ渡るルートが定番だったが、1988年、青函トンネルの開通とともに運航は終了。最終日まで運航されていた摩周丸が「函館市青函連絡船記念館摩周丸」として保存、公開されている。操舵室やサロン、甲板などが見学でき、旧グリーン客室は写真や文献資料を展示するギャラリースペースとなった。

摩周丸が係留されている岸壁は、かつて青函連絡船乗り場であった旧函館第二岸壁で、当時は函館駅のホームと連絡橋で直結していた。なお、青森港にも、同じく青函連絡船として活躍していた八甲田丸が、海上博物館「メモリアルシップ八甲田丸」として係留されている。

見る

函館山

市街地や函館港を一望できる展望台で、特に夜景がすばらしい。市電十字街から徒歩10分のロープウェイ乗り場から標高334mの山頂までは約3分。

見る

五稜郭

江戸時代末期に建造された日本初の稜堡式の城郭。五稜郭南西の五稜郭タワーに上れば、五稜郭の星形の姿はもちろん、津軽海峡まで見渡すことができる。

食べる

函館朝市

昭和20年以来、70年もにぎわい続けてきた函館駅前の朝市。1万坪の広大なスペースに新鮮な魚介類、衣類、日用品など、あらゆるものが並ぶ。

tramcar in JAPAN 03

都電荒川線《とでんあらかわせん》

いずれ消えゆくと思われていた都電だが、
1990年以降、次々に新車が登場。
三ノ輪橋、王子、面影橋、早稲田……。
都民の暮らしの足は健在である。

東京の新たなる魅力となる都電風景

最盛期には41の系統と213kmもの路線があった都電の、最後の牙城が荒川線だ。三ノ輪橋から早稲田まで、東京北部の12.2kmをぐるりとめぐり、飛鳥山付近を除く大部分が専用軌道。そのため、今日まで走り続けることができた。1990年に登場した8500形以後、次々に新型車両が投入され、最近では路線延伸の話題も出るようになった。

電車は、町家や工場が並ぶ荒川区内や、巣鴨地蔵通商店街、雑司ヶ谷など、昔ながらの街並みを縫って走る。荒川区役所付近から眺める東京スカイツリー、学習院下付近から望むサンシャインシティなど、懐かしい街と現代建築が一体となった景観は新東京名所ともなっている。

沿線には飛鳥山など花の名所が多く、花の季節に合わせて車内に花の意匠を施した「都電さくら号」や「都電バラ号」も楽しみだ。

荒川線唯一の道路併用区間、飛鳥山公園の西側を進む8800形。

9000形

ダブルルーフ、車内は木目調と、昭和初期の電車をイメージしたレトロ車両。イベント用や貸し切り車両として人気が高い。

7000形

1955年、1956年に製造された荒川線の最古参。2016年から台車や座席などが改修され、7700形に改造されつつある。

8500形

都電初のVVVFインバータ制御車で、28年ぶりの新車として登場。座席はクロスシート車とロングシート車の2種類。

その他の車両　2008年登場の8800形と、8800形の改良型で2015年に登場した8900形。荒川線の新製省エネ電車で、ともにカラフルな4色の塗装が特徴。

路線

□三ノ輪橋～早稲田（荒川線）

運行、系統

□下り／三ノ輪橋～早稲田
□上り／早稲田～三ノ輪橋

tramcar in JAPAN 03

都電荒川線

とでんあらかわせん

営業距離 12.2km
停留所、駅数 30
運　　賃 165円／1回（ICカード）、170円／1回、400円／1日乗車券（小児半額）
事業会社 事業会社:東京都交通局（東京都新宿区西新宿）
Webサイト http://www.kotsu.metro.tokyo.jp/toden/

撮影ポイント

町屋駅前

京成本線、東京メトロ千代田線との乗り換え駅。停留場東の禅寺大雄山泊船軒境内には太田道灌ゆかりの山吹の塚がある。

撮影ポイント
あらかわ遊園
撮影ポイント
荒川区役所前付近
南東方向にスカイツリーが望める。
撮影ポイント
荒川車庫前
撮影ポイント
三ノ輪橋
荒川線の起点駅。春～夏にはバラが咲き誇る駅として「関東の駅百選」に認定されている。
荒　川
荒川区
葛飾区
台東区
熊野前
東尾久三丁目
町屋二丁目
町屋駅前
町屋
荒川七丁目
荒川二丁目
荒川区役所前
荒川一中前
三ノ輪橋
京成本線
JR常磐線
日暮里・舎人ライナー
新三河島
三ノ輪
日比谷線
つくばエクスプレス
入谷
鶯谷
上野動物園東園駅
上野恩賜公園
京成上野
上野
稲荷町
銀座線
田原町
浅草
浅草寺
東京スカイツリー
押上
曳舟
京成曳舟
京成押上線
鐘ヶ淵
堀切
京成関屋
牛田
北千住
南千住
小菅
東武スカイツリーライン
墨田川
0
1km

CHECK LIST

停留所

□鬼子母神前《きしぼじんまえ》 0.5km ／	□滝野川一丁目《たきのがわいっちょうめ》 0.4km ／	□熊野前《くまのまえ》 0.6km ／	<荒川線>
□学習院下《がくしゅういんした》 0.5km ／	□西ヶ原四丁目《にしがはらよんちょうめ》 0.4km ／	□宮ノ前《みやのまえ》 0.4km ／	□三ノ輪橋《みのわばし》 0.0km ／
□面影橋《おもかげばし》 0.5km ／	□新庚申塚《しんこうしんづか》 0.4km ／	□小台《おだい》 0.3km ／	□荒川一中前《あらかわいっちゅうまえ》 0.3km ／
□早稲田《わせだ》 0.5km ／	□庚申塚《こうしんづか》 0.2km ／	□荒川遊園地前《あらかわゆうえんちまえ》 0.3km ／	□荒川区役所前《あらかわくやくしょまえ》 0.3km ／
	□巣鴨新田《すがもしんでん》 0.5km ／	□荒川車庫前《あらかわしゃこまえ》 0.5km ／	□荒川二丁目《あらかわにちょうめ》 0.4km ／
	□大塚駅前《おおつかえきまえ》 0.5km ／	□梶原《かじわら》 0.4km ／	□荒川七丁目《あらかわななちょうめ》 0.4km ／
	□向原《むこうはら》 0.5km ／	□栄町《さかえちょう》 0.5km ／	□町屋駅前《まちやえきまえ》 0.4km ／
	□東池袋四丁目《ひがしいけぶくろよんちょうめ》 0.6km ／	□王子駅前《おうじえきまえ》 0.5km ／	□町屋二丁目《まちやにちょうめ》 0.4km ／
	□都電雑司ヶ谷《とでんぞうしがや》 0.2km ／	□飛鳥山《あすかやま》 0.5km ／	□東尾久三丁目《ひがしおぐさんちょうめ》 0.3km ／

撮影ポイント
飛鳥山付近
荒川線唯一の併用軌道区間。歩道橋上が格好の撮影ポイント(P.18～19)。
中板橋
東武東上線
下板橋
板橋
北池袋
豊島区
要町
池袋
JR山手線
大塚
大塚駅前
サンシャインシティ
副都心線
東池袋
新大塚
撮影ポイント
大塚駅前
山手線との立体交差や、駅南口の急カーブなどの撮影ポイントがある。
雑司が谷
目白
西武新宿線
下落合
高田馬場
新宿区
東西線
西早稲田
早稲田
早稲田大学
面影橋
学習院下
鬼子母神前
都電雑司ヶ谷
東池袋四丁目
向原
巣鴨新田
庚申塚
新庚申塚
西巣鴨
西ヶ原四丁目
滝野川一丁目
飛鳥山
飛鳥山公園
王子駅前
王子
栄町
梶原
あらかわ
荒川遊園地前
都電おもいで広場
荒川車庫前
JR宇都宮線
JR京浜東北線
東北新幹線
上中里
西ヶ原
巣鴨
千石
飛鳥山公園
公園に登る無料のモノレール「アスカルゴ」が運転されている。
飛鳥山停留場
丸ノ内線
撮影ポイント
学習院下付近
北方にサンシャインシティが望める。
茗荷谷
文京区
白山
本駒
都営三田線
江戸川橋
後楽園
春日

車両

□7000形／10両
□7700形／2両
□8500形／5両
□9000形(レトロ車両)／2両
□8800形／10両
□8900形／6両

開場は土・日・祝日の10～16時、入場無料。荒川車庫前電停すぐ

見る

都電おもいで広場

ＰＣＣカー５５０１号と「学園号」７５０４号を展示

荒川線の荒川車庫に隣接して「都電おもいで広場」があり、往年の名車、ＰＣＣカーの５５００形５５０１号と、７５００形の７５０４号が展示されている。

５５０１号は日本の路面電車でわずか１両だけの、アメリカＰＣＣの公認ライセンスを取得して１９５４年に製造された車両だ。流線形の車体と加速性能に優れた高性能車で、都民の人気者となった。都電１系統が銀座通りを走る姿は、１９６０年代の東京を代表する風景の一つだ。７５０４号はおもに朝夕の通学輸送に活躍し、「学園号」という愛称で親しまれた。両車両とも、車内は懐かしい都電風景の写真や都電関係のグッズが展示された「ミニ都電博物館」となっている。

遊ぶ

あらかわ遊園

開園は1922年。家族そろって楽しめる公営の遊園地で、園内には下町都電ミニ資料館も。都電6000形6152号が保存されている。

遊ぶ

飛鳥山公園

江戸享保期に整備された公園。都内有数の桜の名所として知られる。都電6000形6080号と、国鉄D51形853号機が静態保存されている。

遊ぶ

サンシャインシティ

池袋のランドマーク。展望台やホテル、水族館、プラネタリウムなど、さまざまな施設がそろった複合商業施設。荒川線東池袋四丁目電停から徒歩4分。

tramcar in JAPAN 04

東急世田谷線《とうきゅうせたがやせん》

活気ある商店街に、個性が際立つ文化施設、
歴史ある神社仏閣、閑静な住宅街。
三軒茶屋と下高井戸を結ぶ世田谷線沿線は、
さまざまな魅力にあふれている。

世田谷の奥深さを楽しむ

1925年、「玉電」の支線として開業した世田谷線は、本家玉川線が地下化されて路上から姿を消した後も、三軒茶屋～下高井戸間を元気に走っている。

三軒茶屋駅上にはキャロットタワーがそびえ、下高井戸駅前には昭和の面影を残す駅前市場と商店街が連なる。また、キャロットタワー内のパブリックシアターや下高井戸シネマは、目の肥えた大人の観客が集まることで知られている。

沿線には、上町駅近くの世田谷城址公園や世田谷代官屋敷など、歴史的建造物や遺跡も多い。なかでも、招き猫と井伊家墓所がある宮の坂の豪徳寺と松陰神社前の松陰神社は多くの人々が訪れる名所だ。安政の大獄の首謀者が眠る寺と斬首された吉田松陰を祀る神社が、わずか3駅という関係にある面白さ。世田谷の住宅地を縫って走る路線だが、ディープな楽しみが詰まっている。

若林で環状七号線と平面交差する世田谷線。電車も信号に従って進む。
若林で環状七号線と平面交差する世田谷線。電車も信号に従って進む。

300形

バリアフリー化と冷房化を行うため、旧型車両を置き換えて1999年7月11日に登場した、3台車2連接車体の車両。

キャロットタワーを背に下高井戸へ向かう玉電カラーの301編成。

その他の車両　世田谷線の車両はすべて300系。10編成あり、編成ごとに車体の色が異なっている。301編成は往年の玉電の名車デハ200形に準じた塗装だ。

東急世田谷線

とうきゅうせたがやせん

営業距離 5km
停留所、駅数 10
運　　賃 144円／1回（ICカード）、150円／1回、330円／世田谷線散策きっぷ（小児170円）
事業会社 東京急行電鉄株式会社（東京都渋谷区南平台）
Webサイト http://www.tokyu.co.jp/

CHECK LIST

路線

□三軒茶屋～下高井戸（世田谷線）

運行、系統

□下り／三軒茶屋→下高井戸
□上り／下高井戸→三軒茶屋

停留所

＜世田谷線＞

□三軒茶屋《さんげんぢゃや》	0.0km	／
□西太子堂《にしたいしどう》	0.3km	／
□若林《わかばやし》	0.6km	／
□松陰神社前《しょういんじんじゃまえ》	0.5km	／
□世田谷《せたがや》	0.5km	／
□上町《かみまち》	0.3km	／
□宮の坂《みやのさか》	0.5km	／
□山下《やました》	0.7km	／
□松原《まつばら》	0.8km	／
□下高井戸《しもたかいど》	0.8km	／

車両

□300系、2両編成10本

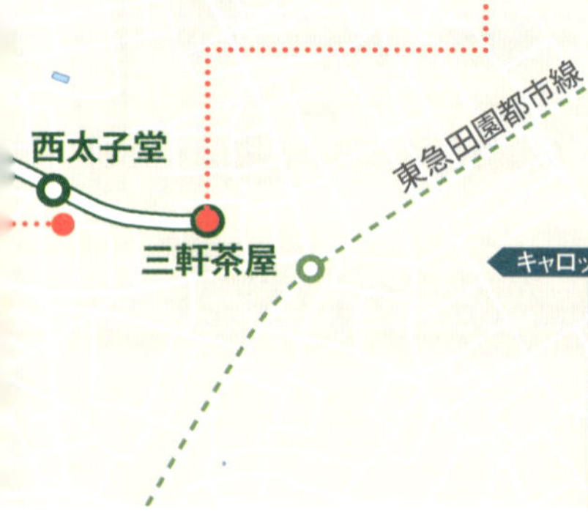

撮影ポイント

若林踏切

世田谷線の環状七号線踏切。環七の少し南寄りの歩道橋上が、格好の撮影ポイント（P.24～25写真）。

撮影ポイント

西太子堂付近

三軒茶屋駅

世田谷線の起点で、東急田園都市線の乗りかえ駅。キャロットタワーの1階に設けられており、「関東の駅百選」に選定されている。

キャロットタワー

世田谷線下高井戸

下高井戸駅

京王線との乗りかえ駅。駅前には、下高井戸市場を中心に、昭和の面影が残る商店街が続く。

撮影ポイント 松原駅付近

松原駅南の緩やかにカーブする線路に沿った道路から、駅北側の赤松公園のサクラ越しに、などいろいろなアングルが選べる。

撮影ポイント 山下～宮の坂

山下駅は小田急線豪徳寺駅の乗りかえ駅。山下から宮の坂に向かって緩やかな下り坂。

山下駅

世田谷八幡宮

後三年の役の帰途、八幡太郎源義家が宇佐八幡宮を勧請して創建したと伝わる。最寄りの宮の坂駅の駅名は世田谷八幡脇の坂に由来する。

豪徳寺

松陰神社

境内奥に、吉田松陰が久坂玄瑞や高杉晋作など大勢の幕末の英傑を世に送り出した松下村塾が再建されている。

撮影ポイント 上町車庫

上町駅上りホームに隣接して東急世田谷線の上町車庫があり、出入庫の姿を撮影できる。

世田谷代官屋敷

彦根藩世田谷領代官大場家の役宅兼私邸で、母屋と表門が重要文化財に指定されている。

見る

豪徳寺

豪徳寺では、招き猫を「招福猫児（まねぎねこ）」という。

招き猫発祥の寺として名高い井伊家代々の菩提寺

吉良氏の世田谷城があった地に1480（文明12）年に創建された曹洞宗の寺。彦根藩2代藩主の井伊直孝が豪徳寺の猫の手招きにより雷雨の難を免れたところから、1633（寛永10）年に伽藍を建立し、以来、井伊家の菩提寺となった。この伝承から、豪徳寺は招き猫発祥の寺として知られるようになり、「招猫殿」には、願が成就したお礼の招き猫が多数奉納されている。ちなみに豪徳寺の招き猫は、小判などは持たず、右手を上げている素朴な姿だ。

境内の一角は井伊家の墓所で、滋賀県の清涼寺や永源寺の井伊家墓所とともに国の史跡に指定されている。また、墓地には仏文学者の中島健蔵など多くの文化人が眠る。

見る

松陰神社

吉田松陰が祀られている。かつて長州藩の別邸があり、安政の大獄後、高杉晋作らが松陰の遺骸をここに改葬した。境内には松下村塾も再現されている。

遊ぶ

宮の坂駅・デハ80形

豪徳寺や世田谷八幡宮の最寄り駅、宮の坂駅のホームに隣接して保存されているデハ80形。江ノ電に移籍し、1990年に引退後、里帰りした。

遊ぶ

世田谷ボロ市

1月15、16日と12月15、16日に、世田谷代官屋敷近くの通称ボロ市通りで開かれる露天市。骨董、古着、古本など700近い露天が軒を連ねる。

乗車記録

tramcar in JAPAN 05

豊鉄市内線（東田本線）

とよてつしないせん（あずまだほんせん）

夏はきりりと冷えたビールを、
凍える冬はホカホカのあったかおでんを。
暮らしの足として、居酒屋として、
いつもそばにいてくれる頼れる市電だ。

東海道や、石畳の路面を走る

豊橋鉄道東田本線は、電車線の渥美線に対して「市内線」・「市電」と呼ばれ、地元の人々に親しまれている。豊橋駅東口のペデストリアンデッキのすぐ真下が、市内線の屋根付きホーム。ホームは1998年にかつての駅前電停から現在の位置まで150m延伸されたが、わずか150mとはいえ、利便性の向上には大変なものがあり、利用者に喜ばれている。

下り電車は緑の軌道を進む。平成28年度中に、上り線の緑化も行われる予定だ。西八丁を右折したら、国道1号線東海道上へ。市役所前電停は、吉田城やハリストス正教会の最寄り電停でもある。前畑～東田坂上間は石畳の坂道を行く。井原には日本の鉄道の最急カーブがある。

名物の企画電車、夏の「納涼ビール電車」と冬の「おでんしゃ」は、いまや豊橋の季節の風物詩としてしっかり定着して、市民の暮らしに溶け込んでいる。

豊橋駅前から10分少々、前畑を出て石畳の坂を登るモ780形。

T1000形

愛称は「ほっトラム」。2008年に登場した3車体連接2台車構造の超低床車。中間車は台車がないフローティング構造。

モ3200形

元名鉄のモ580形で、1976年に豊橋鉄道へ移ってモ3200形になり、ワンマン運転対応や冷房化の改造が行われた。

おでんしゃ

「ビール電車」は各地にあるが、「おでんしゃ」は豊橋発祥の名物電車。赤提灯が揺れる電車として、常に予約が殺到。

その他の車両　モ3500形は元東京都電の7000形。モ780形は元名鉄の電車で豊鉄初のVVVFインバータ制御車。モ800形は名鉄で使われていた低床車。

路線

□駅前～赤岩口、井原～運動公園前（東田本線）

運行、系統

□豊橋駅前から赤岩口行きと運動公園行きが交互に運行（一部競輪場止）

車両

□モ3200形／3両　□モ3500形／4両
□モ780形／7両　□モ800形／1両
□T1000形（ほっとラム）／1編成

tramcar in JAPAN 05

豊鉄市内線（東田本線）

とよてつしないせん（あずまだほんせん）

営業距離	5.4km
停留所、駅数	14
運賃	150円／1回、400円／1日フリー乗車券（小児半額）
事業会社	豊橋鉄道株式会社（愛知県豊橋市）
Webサイト	http://www.toyotetsu.com/shinaisen/

撮影ポイント
石畳を行く電車

前畑～東田坂上間の石畳区間。前畑電停西側の歩道橋上や、東田坂上電停付近（P.30～31写真）が撮影ポイント。

豊橋2015ビール電車

撮影ポイント
井原R11カーブ

井原電停から運動公園方面に向かうカーブは、半径11メートルという日本の鉄道線路の最急カーブ。

赤岩口車庫のスイッチバック

赤岩口車庫の出入庫は、赤岩口電停から東に数10メートル進んで折り返す。

運動公園前

運動公園のイベント開催時などの臨時電車運行に備え、ホームは3両停車可能な長さがある。

豊橋花電車

CHECK LIST

停留所

□東田坂上《あずまださかうえ》	0.3km	／
□東田《あずまだ》	0.4km	／
□競輪場前《けいりんじょうまえ》	0.4km	／
□井原《いはら》	0.5km	／
□赤岩口《あかいわぐち》	0.7km	／
□井原《いはら》	0.0km	／
□運動公園前《うんどうこうえんまえ》	0.6km	／

＜東田本線＞

□駅前《えきまえ》	0.0km	／
□駅前大通《えきまえおおどおり》	0.3km	／
□新川《しんかわ》	0.3km	／
□札木《ふだぎ》	0.4km	／
□市役所前《しやくしょまえ》	0.4km	／
□豊橋公園前《とよはしこうえんまえ》	0.2km	／
□東八町《ひがしはっちょう》	0.5km	／
□前畑《まえはた》	0.4km	／

豊
川
吉田城址
豊橋公園
豊橋市公会堂
ハリストス正教会
豊橋駅前
JRと名鉄の豊橋駅前にある頭端式コの字型の停留場で、「中部の駅百選」に認定されている。
名鉄名古屋本線
駅前
駅前大通
新川
札木
市役所前
豊橋公園前
東八町
新豊橋
豊橋
豊橋
東海道新幹線
豊橋鉄道渥美線
JR東海道本線
柳生橋
撮影ポイント
公会堂前
市役所前電停付近から、市内線電車と円形ドーム屋根の豊橋市公会堂が撮影できる。
撮影ポイント
豊橋駅前南
撮影ポイント
駅前大通
軌道緑化とセンターポール化が行われている駅前大通付近は、豊橋駅前のペデストリアンデッキから。
0
500m

見る

豊橋公園／吉田城

今川家や徳川家の古城趾 勇壮な手筒花火大会の会場

豊橋公園と豊橋市役所。写真右手奥が吉田城本丸跡で、復元された隅櫓が立つ。

豊橋公園は吉田城趾に広がる市民公園。公園内には吉田城本丸跡や、陸上競技場、豊橋市美術博物館などの施設があり、三河手筒花火で知られる祭り、炎の祭典の会場としても使われる。

吉田城は、1505（永正2）年に今川氏の命で牧野古白が築き、1565（永禄8）年には松平家康が攻略して、腹心の酒井忠次を城代に任じた。家康が関東に移封した後は池田輝政が城主となる。この時代に城の改築や豊橋の街造りが行われた。江戸時代には、東海道の要衝として老中や京都所司代などを務める有力な譜代大名が城主となり、出世城とも呼ばれた。本丸跡に隅櫓（鉄櫓）が再建され、歴史資料館になっている。

見る

豊橋市公会堂

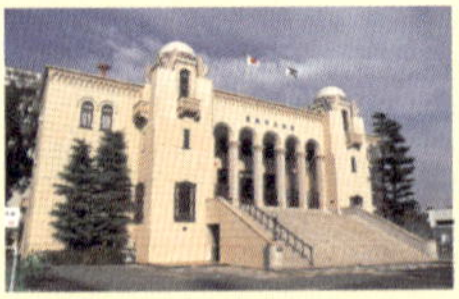

昭和天皇即位の記念事業として1931年に竣工。スペイン風の円形ドームがあるロマネスク様式の建物で、1988年に国の登録有形文化財に指定された。

見る

ハリストス正教会

日本正教会所属の教会。1913年にビザンティン様式で建てられた聖使徒福音記者マトフェイ聖堂は、2008年に国の重要文化財に指定された。

遊ぶ

路面電車の運転体験

実際の車両を使った運転体験やピット体験、車庫見学もできるとあって、人気を博している。開催は随時、詳細は豊橋鉄道のHPで確認を。

白銀の立山連峰をバックに走る富山ライトレール。岩瀬浜付近。

富山地方鉄道のセントラム。富山城に沿って新設された都心線を進む。

tramcar in JAPAN 06

tramcar in JAPAN 07

富山ライトレール《とやまらいとれーる》

富山地方鉄道市内線《とやまちほうてつどうしないせん》

運転本数も、停留常数も大幅にアップし、日本初の本格的なＬＲＴが走る街を実現した富山。新車の導入、路線の延長、そして相互乗り入れ計画。「路面電車の街」の理想郷へと進化する。

市民の夢を乗せポートラムが走る

２００６年４月29日、日本初の本格的なＬＲＴともいえる富山ライトレールが開業した。前身はＪＲ富山港線。富山県は１世帯あたりの自家用車の保有率が第２位で、鉄道は難しいとされたが、富山港線廃止の際に富山市が中心となって三セクの富山ライトレールを立ち上げた。鉄道線を路面電車に切り替え、新駅を５駅設け、終電時刻を遅らせるなどの改革の結果、利用者が着実に増加した。

一方の富山地方鉄道市内線は２００９年12月、富山都心線の丸の内～西町間０・９㎞が開業。都市の中心部に路面電車の新路線が開業するのはまれなことだ。以後、富山駅前を起点に市街中心を周回する３系統へと延伸。２０１５年に、相互直通運転に向けた富山駅南北接続線が開業。市内線は鉄道線への乗り入れ計画などさまざまな計画が目白押し。富山は未来への夢でいっぱいの路面電車の街だ。

TLR0600形

2006 年の富山ライトレール開業時に投入された、新潟トランシス製２車体連接ブレーメン形超低床車。愛称は「ポートラム」。

T100形

富山地鉄の「サントラム」という愛称の LRV 超低床車。車体は３車体連接２台車の、アルナ車両リトルダンサーシリーズの一員。

7000形レトロ電車

2014 年、富山地鉄市内線開業 100 周年を記念して、7022 号車が水戸岡鋭治デザインのレトロ電車に改造された。

その他の車両　ライトレールは TLR0600 形の１形式。市内線では 1960 年頃製造の 7000 形、1993 年登場の VVVF インバータ制御の 8000 形、「セントラム」の愛称がある 9000 形も活躍中。

tramcar in JAPAN 06

富山ライトレール

とやまらいとれーる

営業距離 7.6km
停留所、駅数 13
運　　賃 200円／現金、180円／ICカード
事業会社 富山ライトレール株式会社(富山県富山市)
Webサイト http://www.t-lr.co.jp/

CHECK LIST

路線

□富山駅北～岩瀬浜(富山港線)

運行、系統

□富山駅北～岩瀬浜／下り
□岩瀬浜～富山駅北／上り

停留所

<富山港線>

□富山駅北《とやまえききた》	0.0km	／
□インテック本社前《いんてっくほんしゃまえ》	0.4km	／
□永楽町※2018年開業予定	- km	／
□奥田中学校前《おくだちゅうがっこうまえ》	0.7km	／
□下奥井《しもおくい》	0.9km	／
□粟島《あわじま》(大阪屋ショップ前《おおさかやしょっぷまえ》)	0.8km	／
□越中中島《えっちゅうなかじま》	0.4km	／
□城川原《じょうがわら》	1.0km	／
□犬島新町《いぬじましんまち》	0.5km	／
□蓮町《はすまち》	0.8km	／
□大広田《おおひろた》	0.6km	／
□東岩瀬《ひがしいわせ》	0.5km	／
□競輪場前《けいりんじょうまえ》	0.6km	／
□岩瀬浜《いわせはま》	0.4km	／

車両

□TLR0600形(ポートラム)／7編成

富山地方鉄道市内線

とやまちほうてつどう・しないせん

営業距離 7.6km
停留所、駅数 25
運　　賃 180円／1回（ICカード）、200円／1回、2500円／鉄道線・市内電車1日フリー切符（夏／4～11月、小児半額）
事業会社 富山地方鉄道株式会社（富山県富山市）
Webサイト http://www.chitetsu.co.jp/

CHECK LIST

路線

□南富山駅前～電鉄富山駅・エスタ前（本線）
□電鉄富山駅・エスタ前～丸の内（支線）
□丸の内～安野屋（安野屋線）
□安野屋～大学前（呉羽線）
□丸の内～西町（富山都心線）
□支線接続点～富山駅（富山駅南北接続線）

運行、系統

□1系統／南富山駅前～富山駅
□2系統／南富山駅前～電鉄富山駅・エスタ前～富山駅～新富町～大学前
□3系統／富山駅→丸の内→大手モール→荒町→富山駅（片方向／時計の逆回りのみ運行）

停留所

<本線>

□南富山駅前《みなみとやまえきまえ》 0.0km ／
□大町《おおまち》 0.3km ／
□堀川小泉《ほりかわこいずみ》 0.3km ／
□小泉町《こいずみちょう》 0.4km ／
□西中野《にしなかの》 0.3km ／
□広貫堂前《こうかんどうまえ》 0.2km ／
□上本町《かみほんまち》 0.3km ／
□西町《にしちょう》 0.3km ／
□中町《なかまち》（西町北《にしちょうきた》） 0.2km ／
□荒町《あらまち》 0.2km ／
□桜橋《さくらばし》 0.3km ／
□電気ビル前《でんきびるまえ》 0.3km ／
□地鉄ビル前《ちてつびるまえ》 0.2km ／
□電鉄富山駅《でんてつとやまえき》・エスタ前《えすたまえ》 0.3km ／

<安野屋線>

□丸の内《まるのうち》 0.0km ／
□諏訪川原《すわのかわら》 0.3km ／
□安野屋《やすのや》 0.1km ／

<呉羽線>

□安野屋《やすのや》 0.0km ／
□富山トヨペット本社前《とやまとよぺっとほんしゃまえ》（五福末広町《ごふくすえひろちょう》） 1.0km ／
□大学前《だいがくまえ》 0.4km ／

<富山駅南北接続線>

□電鉄富山駅《でんてつとやまえき》・エスタ前《えすたまえ》 0.0km ／
□富山駅《とやまえき》 0.3km ／

<支線>

□電鉄富山駅《でんてつとやまえき》・エスタ前《えすたまえ》 0.0km ／
□新富町《しんとみちょう》 0.3km ／
□県庁前《けんちょうまえ》 0.3km ／
□丸の内《まるのうち》 0.4km ／

<富山都心線>

□丸の内《まるのうち》 0.0km ／
□国際会議場前《こくさいかいぎじょうまえ》 0.3km ／
□大手モール《おおてもーる》 0.2km ／
□グランドプラザ前《ぐらんどぷらざまえ》 0.2km ／
□中町《なかまち》（西町北《にしちょうきた》） 0.3km ／

車両

□7000形／10両
□8000形／5両
□9000形（セントラム）／3編成
□T100形（サントラム）／3編成

撮影ポイント

松川

富山市の中心部を流れる松川の沿岸は、日本さくら名所百選に選ばれた花見の名所。

宇奈月を出て最初の橋梁、真っ赤な新山彦橋を渡るトロッコ電車。

見る

黒部峡谷鉄道

黒部峡谷の絶景を満喫できる小さなトロッコ電車

富山地方鉄道の電鉄富山駅から特急「うなづき号」で1時間少々。終点の宇奈月温泉駅から欅平へ向かう鉄道が、黒部峡谷鉄道だ。

軌間は762㎜のナローゲージ。黒部川の峡谷に沿って、小さなトロッコ電車がとことこ行く。切り立った岩壁が連なる黒部峡谷を彩る新緑や紅葉は、何度乗車しても見飽きることがない。

客車は、窓がなく簡単な覆いだけがある開放感あふれる普通客車、開閉可能なガラス窓と転換クロスシートがついた豪華なリラックス客車など、さまざま。ゆったりくつろげるリラックス客車もよいが、普通客車のほうが、沿線の絶景や峡谷を吹き抜ける風をより近くに感じられる。

遊ぶ

富岩運河環水公園

神通川に沿って岩瀬港と富山市湊入船町を結ぶ富岩運河は、1940年に完成した5.1kmの運河。富岩運河環水公園内の乗船場からは、富岩水上ライン運河クルーズが運航。

見る

富山市ガラス美術館

富山市は全国で唯一ガラス作家養成機関がある「ガラスの街」でもある。富山市ガラス美術館は2015年にオープン。現代ガラス作家の作品を展示している。

食べる

ますのすし

駅弁としても知られる富山の郷土料理。曲物に敷いた笹の葉に、酢飯と、味付けをした未発酵のサクラマスの切り身を並べた押し寿司(早寿司)の一種。

tramcar in JAPAN 08

万葉線《まんようせん》

市民と行政がともに守り育ててきた
古代と現代を結ぶ路線。
白銀の立山連峰を背景に、
赤いアイトラムが走り抜ける。

万葉の里を走るドラえもんトラム

以前は加越能鉄道という私鉄だったが、経営立て直しと路線存続のため、大勢の市民の出資も得て、三セク化された。路面電車の三セク化は初めてだった。

万葉線という名称は、『万葉集』の編纂を手がけた大伴家持に由来している。越中守に任ぜられた家持は、746年、高岡伏木の越中国府に赴任した。

路線は高岡駅～六渡寺間の高岡軌道線と、越ノ潟～六渡寺間の新湊港線に分かれているが、電車は高岡駅～越ノ潟間を通し運転している。白銀の立山連峰を背景に赤い電車が走る姿、長大な庄川橋梁をとことこ渡る姿など、変化に富んだ走行シーンも大きな楽しみだ。

現在の主力車両はMLRV1000形アイトラム。1編成は高岡出身の漫画家、藤子・F・不二雄の代表作にちなんだ「ドラえもんトラム」で、子どもにも内外の観光客にも人気を博している。

アイトラム。越ノ潟駅隣の乗船場から対岸へは無料のフェリーが運航。

6000形

凸型電気機関車のような形をした、ディーゼルエンジン積載のプラウ除雪車。パンタグラフは架線の除雪に用いられる。

MLRV1000形

愛称は「アイトラム」。新潟トランシス製の2車体連接100%低床車。第4編成1004a-bが「ドラえもんトラム」。

デ7070形

加越能鉄道時代の1967年に6両製造され、現在も5両が活躍中。万葉線に移籍後、冷房化などの改造が行われている。

その他の車両　万葉線の車両は、アイトラム6編成と7070形5両。ほかにプラウ除雪車の6000形がある。加越能鉄道時代の7000形、7060形は廃車となった。

tramcar in JAPAN 08

万葉線

まんようせん

営業距離	12.9km
停留所、駅数	25
運　　賃	150円／1回、800円／1日フリー切符（小児半額）
事業会社	万葉線株式会社（富山県高岡市）
Webサイト	http://www.manyosen.co.jp/

路線

□高岡駅～六渡寺（高岡軌道線）
□六渡寺～越ノ潟（新湊港線）

運行、系統

ほとんどの列車は高岡軌道線と新湊港線を直通し、高岡駅～越ノ潟で運転されている。

停留所

＜高岡軌道線＞

□高岡駅《たかおかえき》　0.0km ／
□末広町《すえひろちょう》　0.5km ／
□片原町《かたはらまち》（山町筋入口《やまちょうすじいりぐち》）　0.2km ／

撮影ポイント

庄川鉄橋

万葉線撮影のベストポイント。順光で撮影するなら、庄川右岸の万葉パークゴルフ場付近から午後に。電車と立山連峰を撮影するなら、左岸から。

新湊・内川

海王丸

越ノ潟駅

越ノ潟フェリー

越ノ潟と対岸の堀岡を結ぶ富山県営渡船。港建設のために廃線となった富山地方鉄道射水線の代わりに運航されている。所要時間は約5分で、乗船料無料。

車両

□デ7070形／4両
□MLRV1000形（アイトラム）／6編成
□6000形（プラウ除雪車）／1両

CHECK LIST

停留所

<新湊港線>

□六渡寺《ろくどうじ》	0.0km	／
□庄川口《しょうがわぐち》	0.6km	／
□射水市新湊庁舎前《いみずししんみなとちょうしゃまえ》	0.8km	／
□新町口《しんまちぐち》	0.6km	／
□中新湊《なかしんみなと》	0.6km	／
□東新湊《ひがししんみなと》	1.0km	／
□海王丸《かいおうまる》	0.6km	／
□越ノ潟《こしのかた》	0.7km	／

□荻布《おぎの》（日本《にほん》ゼオン前《まえ》）	0.5km	／
□新能町《しんのうまち》	0.3km	／
□米島口《よねじまぐち》（アルピス米島店前《あるぴすよねじまてんまえ》）	0.3km	／
□能町口《のうまちぐち》	1.1km	／
□新吉久《しんよしひさ》	0.5km	／
□吉久《よしひさ》	0.7km	／
□中伏木《なかふしき》	0.8km	／
□六渡寺《ろくどうじ》	0.5km	／

□坂下町《さかしたまち》（高岡大仏口《たかおあかだいぶつぐち》）	0.2km	／
□急患医療《きゅうかんいりょう》センター前《せんたーまえ》（古城公園西口《こじょうこうえんにしぐち》）	0.4km	／
□広小路《ひろこうじ》	0.4km	／
□志貴野中学校前《しきのちゅうがっこうまえ》（高岡市役所前《たかおかしやくしょまえ》）	0.4km	／
□市民病院前《しみんびょういんまえ》	0.3km	／
□江尻《えじり》	0.6km	／
□旭ヶ丘《あさひがおか》	0.3km	／

高岡市
米島口
駅に隣接して、万葉線本社と車庫が設けられている。米島口と能町口の間は専用軌道区間で、途中でJR氷見線、JR貨物新湊線をオーバークロスする。
撮影ポイント
片原町（山町筋入口）
片原町電停は山町筋入口という副電停名があるように、重要伝統的建造物保存地区に指定されている山町筋の最寄り電停。山町筋は、重要文化財の住宅や辰野金吾設計の富山銀行本店、土蔵造りの街並みが残る一角。
高岡古城公園
加賀藩二代目藩主前田利長が築いた高岡城の城跡公園で、国の史跡に指定されている。園内には市立博物館、三の丸茶屋（まちの駅）などの施設があり、濠には遊覧船が運航。
車庫
米島口
新能町
能町
荻布
旭ケ丘
江尻
万葉線高岡軌道線
JR氷見線
市民病院前
志貴野中学校前
広小路
金屋町
急患医療センター前
越中中川
高岡古城公園
山町筋
坂下町
片原町
高岡大仏
末広町
高岡駅
あいの風とやま鉄道
高岡
能町
撮影ポイント
高岡駅
2014年、高岡駅ビル「Curun TAKAOKA」の1階に移転。頭端式2面2線のホームがある。

海王丸の乗船料は大人400円。水曜定休、公開時間は9時半〜17時頃

見る

海王丸

「海の貴婦人」が優美な歴史海洋博物館に

航海練習船海王丸は、4本マストのバーク型大型帆船。1930年に進水し、60年近くにわたって106万海里（地球約50周分）の航海を行い、「海の貴婦人」として親しまれてきた。1989年の引退後は、練習船の役割を海王丸Ⅱ世に引き継ぎ、射水市の海王丸パークに係留されている。

船体整備の期間を除いて一般公開されており、最上甲板や船長公室がある上甲板などが見学可能。年に10回ほど行われる総帆展帆（全帆を上げる）と登檣礼（船員が帆桁などに配置されて来客に謝礼を行う）が行われる日には、大勢の観光客でにぎわう。夜間にはイルミネーションが灯され、富山湾に優美な姿が浮かび上がる。

見る

金屋町

江戸初期から続く高岡銅器産業の中心地。石畳の道の両側に、地元で「さまのこ」と呼ばれる千本格子造りの街並みが500mにわたって続いている。

見る

瑞龍寺

加賀前田家三代目の利常によって創建された曹洞宗の寺院で、高岡駅の南徒歩で10分ほどの所にある。仏殿、法堂、山門は、富山県唯一の国宝に指定。

見る

内川沿いの街並み

新湊の内川には個性的な橋が10本架かり、水面を船が行き交い、川沿いには民家が軒を連ね、「日本のベニス」と呼ばれる美しい水辺の景観を造っている。

乗車記録

tramcar in JAPAN 09

福井鉄道・福武線《ふくいてつどうふくぶせん》

福井市、鯖江市、越前市を結んで、
軌道線用のLRVが快走中。
えちぜん鉄道との相互乗り入れも始まり、
福井市周辺のネットワークも充実した。

鉄道路線をFUKURAMが快走

福井鉄道福武線は、越前市の越前武生から鯖江市を経て、福井市の田原町、福井駅間を結ぶ総延長21・5kmの路線。全線の8割以上に当たる18・1kmが鉄道線で、かつては鉄道線用の大形電車が福井市内の軌道線をゆっくり進み、停留場でステップを下げて乗降する姿が名物となっていた。現在は、緑豊かな田園地帯を貫く鉄道線を軌道線用の超低床車が走る。

主力車両はF1000形だが、鉄道線用の古豪200形も健闘している。鉄道路線区間が長いこともあり、路面電車では珍しい急行の運転も行われている。

2016年3月27日からは、田原町駅で連絡するえちぜん鉄道三国芦原線との間で相互直通運転が開始され、フェニックス田原町ラインと名付けられた。ちなみに、えちぜん鉄道の終着駅、鷲塚針原駅舎は国の有形文化財に登録されている。

福井駅前付近を進む880形。福井駅は2016年3月27日に開業。

F1000形

「FUKURAM」の愛称を持つ、新潟トランシス製の3車体連接3台車の超低床車。えちぜん鉄道乗り入れにも使われる。

200形

1962年、福武線急行用として製造された福井鉄道のオリジナル車両。前面2枚窓の湘南型スタイルで、人気が高い。

F10形

元ドイツ・シュトゥットガルト市電で、「RETRAM」の愛称がある。冷房がないので、春と秋を中心に運転されている。

その他の車両　600形と610形は鉄道線用の高床車で、元名古屋地下鉄の車両。770形、800形、880形は名鉄の軌道線区間で使用されていた路面電車。

tramcar in JAPAN 09

福井鉄道・福武線

ふくいてつどう・ふくぶせん

営業距離 21.5km
停留所、駅数 25
運　　賃 160円～／1回、550円／土・日・祝日1日フリー乗車券、1400円／福井鉄道・えちぜん鉄道共通1日フリーきっぷ（小児半額）
事業会社 福井鉄道株式会社（福井県福井市）
Webサイト http://www.fukutetsu.jp/Train/jikoku

車両

□800形／2編成　□770形／4編成
□880形／5編成
□F1000形（FUKURAM）／3編成
□F10形／1編成
□200形／1編成
□600形／1編成　□610形／1編成
※事業用車両
□デキ1形（EL）／1両
□デキ10形（EL）／1両
□D100形（DL）／1両

撮影ポイント　田原町
福井鉄道の終点で、えちぜん鉄道との連絡駅。2016年3月から両社間で相互乗り入れが始まった。

撮影ポイント　仁愛女子校前
福井市の官庁街を走る電車。3階建ての建物上に3階の塔屋が建つ福井地方裁判所前は格好の撮影ポイント。

撮影ポイント　福井駅
2016年3月に福井駅前まで路線が延伸。駅のすぐ北側には、福井県庁が入っている福井城趾がある。

撮影ポイント　足羽山公園口

CHECK LIST

路線

□越前武生～田原町、市役所前～福井駅（福武線）

運行、系統

越前武生～鷲塚針原間で、えちぜん鉄道三国芦原線と相互直通運転

停留所

＜福武線＞

□越前武生《えちぜんたけふ》	0.0km	／
□北府《きたご》	0.6km	／
□スポーツ公園《すぽーつこうえん》	1.1km	／
□家久《いえひさ》	0.7km	／
□サンドーム西《さんどーむにし》	1.7km	／

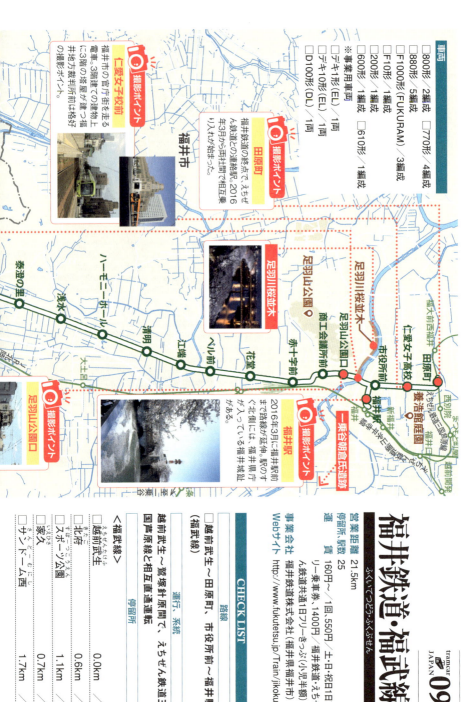

足羽川幸橋
越前陶芸村
鯖江市
鳥羽中
神明
水落
西山公園
西鯖江
サンドーム西
家久
スポーツ公園
北府
越前武生
武生
北鯖江
鯖江
撮影ポイント
三十八社
福井鉄道沿線は住宅や工場が密集している地域が多いが、この付近は緑豊かな田園風景が広がっている。
西山公園
西山公園はツツジと紅葉の名所。園内動物園の人気者はレッサーパンダ。駅北側の市道を越える鉄橋は撮影の好ポイント。
撮影ポイント
日野川橋梁
ガーター橋の日野川橋梁は、車両全体を撮影できる格好のポイント。
北府駅
木造平屋建ての懐かしさ漂う味のある駅舎。駅舎奥には車両の部品や制服などが展示されたギャラリーがある。
北府車庫
北府駅に隣接して、福井鉄道本社と北府車庫がある。
0
2km

□西鯖江《にしさばえ》	1.2km	／
□西山公園《にしやまこうえん》	0.7km	／
□水落《みずおち》	1.3km	／
□神明《しんめい》	1.2km	／
□鳥羽中《とばなか》	1.2km	／
□三十八社《さんじゅうはっしゃ》	1.2km	／
□泰澄の里《たいちょうのさと》	1.2km	／
□浅水《あそうず》	0.9km	／
□ハーモニーホール《はーもにーほーる》	0.8km	／
□清明《せいめい》	1.1km	／
□江端《えばた》	0.6km	／
□ベル前《べるまえ》	0.6km	／
□花堂《はなんどう》	0.8km	／
□赤十字前《せきじゅうじまえ》	0.9km	／
□商工会議所前《しょうこうかいぎしょまえ》	0.6km	／
□足羽山公園口《あすわやまこうえんぐち》	0.5km	／
□市役所前《しやくしょまえ》	0.7km	／
□仁愛女子校《じんあいじょしこうこう》	0.6km	／
□田原町《たわらまち》	0.7km	／
□市役所前《しやくしょまえ》	0.0km	／
□福井駅《ふくいえき》	0.6km	／

見る

一乗谷朝倉氏遺跡

戦国時代の城下町がそのままの姿で蘇る

一乗谷の中心にある、土塁と濠で囲まれた朝倉館跡。写真は唐門（正門）

戦国大名朝倉氏の山城と城下町の遺跡。朝倉氏は一乗谷を拠点に、五代103年にわたって越前国を支配していた。標高473mの一乗山に築かれた一乗谷城と、ふもとに築かれた城下町が、武家屋敷や寺院、職人や商人の町家、街路まで、ほぼ完全な姿で発掘され、国の三重指定（特別史跡、特別名勝、重要文化財）を受けている。

遺跡は東西500m、南北3km、総面積278ヘクタールにも及び、谷の防御のために南北には土塁が築かれ、城門を配した城戸が設けられていた。

一乗谷の中心は、朝倉氏の当主が日常居住していた朝倉館と庭園で、館の西側には城下町の街並みが200mにわたって復元されている。

見る

足羽川桜並木

福井市内を流れる足羽川両岸の堤防上に続く約600本もの桜並木。全長は2.2kmもあり、足羽山公園とともに日本さくら名所百選に選定されている。

遊ぶ

越前陶芸村・福井県陶芸館

日本六古窯の一つに数えられる越前焼。神明駅からバスで約30分の越前陶芸村には、越前焼の名品や資料を展示する福井県陶芸館、登り窯などがある。

見る

養浩館庭園

旧福井藩主松平家の別邸。江戸期には「お泉水屋敷」と呼ばれていた。養浩館の命名者は幕末四賢侯の一人、松平春嶽。庭園は国の名勝に指定されている。

tramcar in JAPAN 10

京阪大津線《けいはんおおつせん》

京阪電鉄の京津線と石山坂本線を合わせて
大津線という。
逢坂山、琵琶湖畔、近江八景めぐりと、
どちらの路線にも、名所旧跡が連なる。

路面電車が地下鉄線を走る

東急世田谷線同様、大手私鉄が運行する路面電車が京阪電鉄の京津線と石山坂本線で、2路線まとめて大津線と呼ばれている。

京津線の電車は、京都市営地下鉄に乗り入れを行っている。「路面電車が地下鉄を走るのか、地下鉄電車が軌道上を進むのか」といった雰囲気で、大型の800系4連が浜大津付近の路面併用軌道を進む姿はなんともユーモラスだ。途中の逢坂山越えの区間は、61‰の急勾配区間と急カーブがある難所である。

石山坂本線は『枕草子』や『蜻蛉日記』にも出てくる古刹石山寺の門前から、瀬田の唐橋、三井寺などの近江八景を結び、日吉大社の門前町で比叡山ケーブル乗り場の最寄り駅でもある坂本へと続く。

どちらの沿線にも由緒ある名所旧跡が連なっていて、歴史や寺社めぐりが好きな人にはたまらなく楽しい路線だ。

浜大津駅前の道路併用区間を進む京都地下鉄乗り入れ用の800系。

800系

京津線の京都地下鉄乗り入れに合わせて登場。日本で唯一、地下鉄線と併用軌道を走る車両で、逢坂山の急勾配にも対応。

700形

600形の増備車として1992年に登場。350形と500形の車体流用車で、600形に比べると前面が角張っている。

600形

1984年に登場した、石山坂本線用の路面電車型車両。製造時期によって、前面のデザインが異なる2タイプがある。

その他の車両　以前は700形も600形も京津線を走行していたが、地下鉄への直通運転開始以降はビール電車などの貸切を除いて京津線での定期運用はなくなった。

tramcar in JAPAN 10

京阪大津線

けいはんおおつせん

営業距離 21.6km
停留所、駅数 27
運　　賃 170円～／1回、1100円／京都地下鉄・京阪大津線1dayチケット（小児半額）
事業会社 京阪電気鉄道株式会社（大阪市中央区）
Webサイト https://www.keihan.co.jp/traffic/

CHECK LIST

路線

□石山寺～坂本（石山坂本線）
□御陵～浜大津（京津線）

運行、系統

京津線は京都市営地下鉄東西線と直通運転

停留所

□島ノ関《しまのせき》	0.5km／	＜石山坂本線＞	
□浜大津《はまおおつ》	0.7km／	□石山寺《いしやまでら》	0.0km／
□三井寺《みいでら》	0.5km／	□唐橋前《からはしまえ》	0.7km／
□別所《べっしょ》	0.8km／	□京阪石山《けいはんいしやま》	0.9km／
□皇子山《おうじやま》	0.5km／	□粟津《あわづ》	0.8km／
□近江神宮前《おうみじんぐうまえ》	0.6km／	□瓦ヶ浜《かわらがはま》	0.4km／
□南滋賀《みなみしが》	0.9km／	□中ノ庄《なかのしょう》	0.5km／
□滋賀里《しがさと》	0.8km／	□膳所本町《ぜぜほんまち》	0.5km／
□穴太《あのお》	1.5km／	□錦《にしき》	0.4km／
□松ノ馬場《まつのばんば》	1.2km／	□京阪膳所《けいはんぜぜ》	0.5km／
□坂本《さかもと》	0.6km／	□石場《いしば》	0.8km／
□追分《おいわけ》	1.6km／	＜京津線＞	
□四宮《しのみや》	1.3km／	□浜大津《はまおおつ》	0.0km／
□京阪山科《けいはんやましな》	0.6km／	□上栄町《かみさかえまち》	0.8km／
□御陵《みささぎ》	1.5km／	□大谷《おおたに》	1.7km／

車両

□600形／20両　□700形／10両
□800系／32両

近江神宮前
駅の北側に隣接して錦織車庫が設けられ、昼間時間帯は、石山寺方面への折り返し列車が多数設定されている。

撮影ポイント　三井寺
駅のすぐ脇を流れる疎水を渡る電車の姿も絵になる。午前は湖側から、午後は山側からが順光。

撮影ポイント　浜大津
京津線、石山坂本線が交わる大津線の拠点駅。同駅と京津線上栄町間、石山坂本線三井寺間が道路併用区間。

唐橋前
瀬田の唐橋最寄り駅。この駅と石山寺の間で、東海道新幹線をアンダークロスする。

坂本
延暦寺
日吉大社
坂本ケーブル
撮影ポイント
上栄町～大谷間
急坂、急カーブ、トンネルが連続する山岳路線のような趣がある区間。
四宮
駅の北側に四宮車庫があり、さらに北側をJR東海道本線と湖西線が走る。
大谷
駅の東に「逢坂の関跡」があり、近くには「これやこの……知るも知らぬも逢坂の関」を詠んだ蝉丸を祀る神社がある。
四宮～山科間
京津線は、諸羽神社などいくつもの寺社の参道を横切って走る。
御陵
京都市営地下鉄東西線の連絡駅。駅名は近くにある天智天皇陵から。
旧東海道
四宮～山科間では、京津線の南側を旧東海道が走り、沿道には昔ながらの街並みが残る。
石山寺
駅名になっている石山寺までは、徒歩約15分。
二軒茶屋
京都精華大前
木野
岩倉
叡山電鉄鞍馬線
八幡前
八瀬比叡山口
国際会館
三宅八幡
宝ケ池
京都市営地下鉄烏丸線
北山
松ヶ崎
修学院
叡山電鉄叡山本線
茶山
元田中
出町柳
京阪鴨東線
神宮丸太町
京都市役所前
三条京阪
東山
三条
河原町
祇園四条
京阪本線
清水五条
京都市東山区
七条
東福寺
JR奈良線
鳥羽街道
伏見稲荷
伏見稲荷大社
穴太
滋賀里
南滋賀
京阪石山坂本線
近江神宮
近江神宮前
大津京
皇子山
別所
三井寺（園城寺）
三井寺
浜大津
JR湖西線
上栄町
京阪京津線
JR琵琶湖線
毘沙門堂
大谷
御陵
京阪山科
四宮
追分
山科
東野
椥辻
京都市営地下鉄東西線
小野
京都市伏見区
0
1500m

琵琶湖を行くクルーズ船ミシガン。乗船場は大津線浜大津の駅前

見る

琵琶湖遊覧船

湖面を渡る風を浴びて クルーズ船で琵琶湖周遊へ

大津は古代から琵琶湖水運の拠点として栄えてきた街。1889（明治22）年に関ケ原～大津間の鉄道が開業する以前は、東海道本線の長浜～大津間は琵琶湖航路の連絡船で結ばれていた。

現在、琵琶湖では、京阪グループの琵琶湖汽船による種々のクルーズが行われている。

クルーズの中心は1982年に就航した外輪船ミシガンや、1990年に進水した琵琶湖最大の客船ビアンカ。ほぼ毎日運航している昼間の80分コースやナイトクルーズのほか、高速船を利用するお手軽コース、竹生島めぐりコース、丸1日かけて琵琶湖を周航するコースなど、選択肢は多彩である。

見る

石山寺

良弁により747（天平19）年に創建された古刹。紫式部が『源氏物語』の着想を得た寺とされ、多くの文学作品にも登場する。本堂や多宝塔は国宝。

見る

瀬田の唐橋

瀬田川に架かる全長260mの橋。古代より交通の要衝として知られ、源平合戦など多数の戦乱の舞台となった。現在の橋は1979年に架けられたもの。

見る

園城寺

三井寺と呼ばれる天台宗寺門派の総本山。7世紀に大友氏が創建。国宝の金堂はじめ、多数の文化財がある。近江八景の一つ「三井の晩鐘」でも知られる。

国宝の弥勒菩薩像で名高い太秦の
広隆寺門前を行くモボ 611 形。

tramcar in JAPAN 11

嵐電《らんでん》 —京福電気鉄道《けいふくでんきてつどう》—

**春は桜の御室、夏は嵯峨野の竹林、
秋は紅葉の保津峡、冬は雪積む渡月橋。
京都西郊の四季折々の美しさを
存分に満喫できる、風流な路面電車だ。**

沿線には世界遺産が5つも

太秦、御室、北野から、嵯峨野や嵐山まで、京都西郊の観光地めぐりを一手に引き受けている路面電車が京福電鉄嵐山線と北野線。「嵐電」という愛称で呼ばれている。

古都京都の文化財として世界遺産に登録されている物件のうち、仁和寺、天龍寺、鹿苑寺（金閣寺）、龍安寺、二条城の5件が嵐電の沿線にある。他にも、国宝彫刻第1号に指定された弥勒菩薩半跏思惟像で知られる広隆寺、全国受験生の聖地ともいえる北野天満宮など、嵐電沿線の神地古刹は枚挙にいとまがない。また、太秦の映画村、保津峡下り、嵯峨野の竹林散策など、沿線散歩の楽しみも数限りない。

レトロ車両やパトトレイン、妖怪電車などの企画電車も嵐電の面白さ。

春に秋にと、季節を変えて何度でも乗りに行きたくなる電車だ。

モボ21形

平安遷都1200年を記念して、121号と126号の車体を更新して生まれたレトロ電車。特徴はブラウンの車体と装飾帯。

モボ101形

1929年生まれの古豪を車体更新し、ワンマン化などの改造を行った。105号車はパトカー色のパト電で、子どもに大人気。

モボ611形

モボ111形の部品を一部流用した新製車。「新・嵐電スタイル」を確立、デザインはその後の車両にも引き継がれている。

その他の車両　モボ621形、モボ631形は、モボ611形と同じ旧型車の部品を流用した新造車で、631号は江ノ電色。2001形は嵐電初のカルダン駆動車。

路線

□四条大宮～嵐山（嵐山本線）
□北野白梅町～帷子ノ辻（北野線）

運行、系統

□嵐山本線、北野線それぞれの線内折り返し運転。
□観光シーズンの週末には、北野白梅町～嵐山間の直通運転あり。

tramcar JAPAN 11

嵐電

らんでん

営業距離	11km
停留所、駅数	22
運　賃	210円／1回、500円／嵐電1日フリーきっぷ（小児半額）
事業会社	京福電気鉄道株式会社（京都市中京区）
Webサイト	http://randen.keifuku.co.jp/

車両

□モボ101形／6両
□モボ301形／1両
□モボ501形／2両
□モボ611形／6両
□モボ621形／5両
□モボ631形／3両
□モボ21形／2両
□モボ2001形／2両
□モト1000形（電動貨車）／1両

北野白梅町
龍安寺
北野天満宮
京都市北区
仁和寺
龍安寺
等持院
北野白梅町
仁和寺
京福電気鉄道北野線
妙心寺
撮影ポイント
西大路三条
妙心寺
花園
円町
東映太秦映画村
太秦にある映画のテーマパーク。時代劇の殺陣ショーや撮影会、時代劇の登場人物への変身体験などが行える。
二条城
京都市中京区
社
二条
二条
太秦天神川
京都市営地下鉄東西線
二条城前
西大路御池
嵐電天神川
四条大宮
山ノ内
西大路三条
嵐電始発駅。地下で並走する阪急京都線の駅は大宮駅。隣の西院は、嵐電は「さい」で、阪急は「さいいん」と読む。新撰組ゆかりの壬生寺は、駅の西徒歩約5分。
京福電気鉄道嵐山本線
撮影ポイント
嵐電天神川
電は、嵐山本線では西
路三条や嵐電天神川
近だけが道路併用区
。本線ほかの区間と北
線は全線が専用軌道。
西院
西院
阪急京都線
大宮
四条大宮
壬生寺
京都市下京区

CHECK LIST

停留所

停留所	距離	
□妙心寺《みょうしんじ》	0.4km	／
□御室仁和寺《おむろにんなじ》	0.4km	／
□宇多野《うたの》	0.4km	／
□鳴滝《なるたき》	0.5km	／
□常盤《ときわ》	0.3km	／
□撮影所前《さつえいじょまえ》	0.6km	／
□帷子ノ辻《かたびらのつじ》	0.3km	／
□有栖川《ありすがわ》	0.5km	／
□車折神社《くるまざきじんじゃ》	0.5km	／
□鹿王院《ろくおういん》	0.3km	／
□嵐電嵯峨《らんでんさが》	0.4km	／
□嵐山《あらしやま》	0.3km	／

<北野線>

停留所	距離	
□北野白梅町《きたのはくばいちょう》	0.0km	／
□等持院《とうじいん》	0.7km	／
□龍安寺《りょうあんじ》	0.2km	／

<嵐山本線>

停留所	距離	
□四条大宮《しじょうおおみや》	0.0km	／
□西院《さい》	1.4km	／
□西大路三条《にしおおじさんじょう》	0.6km	／
□山ノ内《やまのうち》	0.8km	／
□嵐電天神川《らんでんてんじんがわ》	0.9km	／
□蚕ノ社《かいこのやしろ》	0.2km	／
□太秦広隆寺《うずまさこうりゅうじ》	0.5km	／
□帷子ノ辻《かたびらのつじ》	0.8km	／

撮影ポイント
桜のトンネル
宇多野と鳴滝の間は、約200メートルに渡って線路の両側に桜並木が続き、「桜のトンネル」と呼ばれている。
大覚寺
車折神社
駅のすぐ南にある車折神社は、学問や芸能の神として知られる。時代劇のロケ地としても有名。
広沢池
京都市右京区
鳴滝
常盤
竹林の道
嵯峨嵐山
トロッコ嵯峨
トロッコ嵐山
嵯峨野観光鉄道
天龍寺
嵐電嵯峨
鹿王院
車折神社
JR山陰本線
太秦
太秦映
嵐山
有栖川
帷子ノ辻
撮影所前
広隆
渡月橋
撮影ポイント
太秦広隆寺
弥勒菩薩で知られる広隆寺の門前は、嵐電沿線屈指の撮影ポイント（P.60、P.61左）。
桂川
太秦広隆
撮影ポイント
蚕ノ社
蚕ノ社は、駅の北にある祈雨の神として知られる木島神社の別名。線路脇に立つ一の鳥居越しに撮影する電車は、古都らしい一枚に。
京都市西京区
阪急嵐山線
0
500m

本館に展示されている車両群。左から新幹線 500 系、クハネ 581、クハ 489。

遊ぶ

京都鉄道博物館

日本最大の鉄道博物館 動態保存のSLが7両も

2016年4月29日、梅小路蒸気機関車館を拡張・リニューアルし、大阪の交通科学博物館の収蔵物も合わせて、日本最大の鉄道博物館、京都鉄道博物館が新規オープンした。

収蔵物の中心は、梅小路機関区の扇形機関車庫と20両の蒸気機関車。このうち7両は動態保存されていて、SLスチーム号としてSL牽引列車の乗車体験が行える。

本館やプロムナードにも、国産初の量産型蒸気機関車230形や、名機EF58形、トワイライトエクスプレス牽引機EF81形、80系、489系、そして新幹線500系など、53両もの車両が勢ぞろい。

京都駅からバス約10分。嵐電からは西院から205番のバスで約15分、「梅小路公園前下車」徒歩3分。

見る

嵯峨野

平安時代から天皇や公家たちの清遊の地として知られてきた。嵯峨野といえば竹林。ことに野宮神社と大河内山荘の間の「竹林の道」は散策に格好だ。

見る

嵐山

嵐山でも、桂川に架かる渡月橋一帯が特に桜や紅葉の名所として名高い。渡月橋の北には、世界遺産の天龍寺や、常寂光寺、清涼寺などの名刹が連なる。

見る

北野天満宮

菅原道真の怨霊を鎮めるため947年に創建された神社。学問の神として広く知られ、受験生の信仰を集めている。本殿、石の間、拝殿、楽の間は国宝。

tramcar in JAPAN 12

阪堺電気軌道《はんかいでんききどう》

大仙陵古墳に、難波宮、四天王寺、
住吉大社、安倍晴明神社、町衆文化。
「チン電」は、1600年もの歴史の間を
軽々と走り抜ける。

ミナミから堺へチン電で歴史散歩

大阪のミナミと堺を結ぶ路面電車が、阪堺電軌だ。沿線の人々からは、親しみをこめて「チン電」と呼ばれている。

ミナミの起点は通天閣に近い恵美須町と、あべのハルカス直下の天王寺駅前。恵美須町～浜寺駅前が阪堺線、天王寺駅前～住吉間が上町線だが、運行は恵美須町～我孫子道間と天王寺駅前～浜寺駅前に分かれ、阪堺線を直通する系統はない。

チン電の沿線は変化に富んでいる。昭和の下町の面影を残す商店街や、大阪きっての高級住宅地帝塚山。住吉大社の門前を走り、大和川の鉄橋を渡ると堺市だ。町家歴史館や鉄砲鍛冶屋敷など、近世堺の町衆文化を伝える施設に日本最大の前方後円墳大仙陵古墳と、沿線の見どころ、名所は多岐多時代にわたっている。

なお、天王寺駅前～阿倍野間で軌道移設と緑化が進められており、2016年12月～翌1月頃の開業が予定されている。

通天閣をバックに塚西付近の道路併用区間を走る701形電車。

1001形

2013年登場の阪堺初の超低床車で、愛称は「堺トラム」。アルナ車両リトルダンサーシリーズの、3車体2台車型連接車。

モ701形

1987年登場。阪堺の主力で、11両在籍する。電機指令式ブレーキなどを備えた高性能車で、最高速度は70km/h。

モ161形

登場は南海鉄道時代の1928年。定期運用を行っている車両としては日本最古で、現在も4両が現役として活躍中だ。

その他の車両

モ601形はモ121形のパーツを流用した準新製車。モ501形とモ351形は、戦前製の木造車を置き換えるために1957～63年にかけて登場した。

tramcar in JAPAN 12

阪堺電気軌道

はんかいでんききどう

営業距離 18.5km
停留所、駅数 41
運　　賃 210円／1回、600円／全線1日フリー乗車券てくてくきっぷ(小児半額)
事業会社 阪堺電気軌道株式会社(大阪市住吉区)
Webサイト http://www.hankai.co.jp/

CHECK LIST

路線

□恵美須町～浜寺駅前 （阪堺線）
□天王寺駅前～住吉 （上町線）

運行、系統

おもに阪堺線恵美須町～我孫子道間と、上町線と阪堺線を直通する天王寺駅前～浜寺駅前間の2系統が運転されている。

停留所

＜阪堺線＞

□恵美須町《えびすちょう》	0.0km	／
□新今宮駅前《しんいまみやえきまえ》	0.6km	／
□今池《いまいけ》	0.4km	／
□今船《いまふね》	0.3km	／
□松田町《まつだちょう》	0.4km	／
□北天下茶屋《きたてんがちゃや》	0.3km	／
□聖天坂《しょうてんざか》	0.4km	／

＜上町線＞

□天王寺駅前《てんのうじえきまえ》	0.0km	／
□阿倍野《あべの》	0.5km	／
□松虫《まつむし》	0.7km	／
□東天下茶屋《ひがしてんがちゃや》	0.4km	／
□北畠《きたばたけ》	0.7km	／
□姫松《ひめまつ》	0.4km	／
□帝塚山三丁目《てつかやまさんちょうめ》	0.4km	／

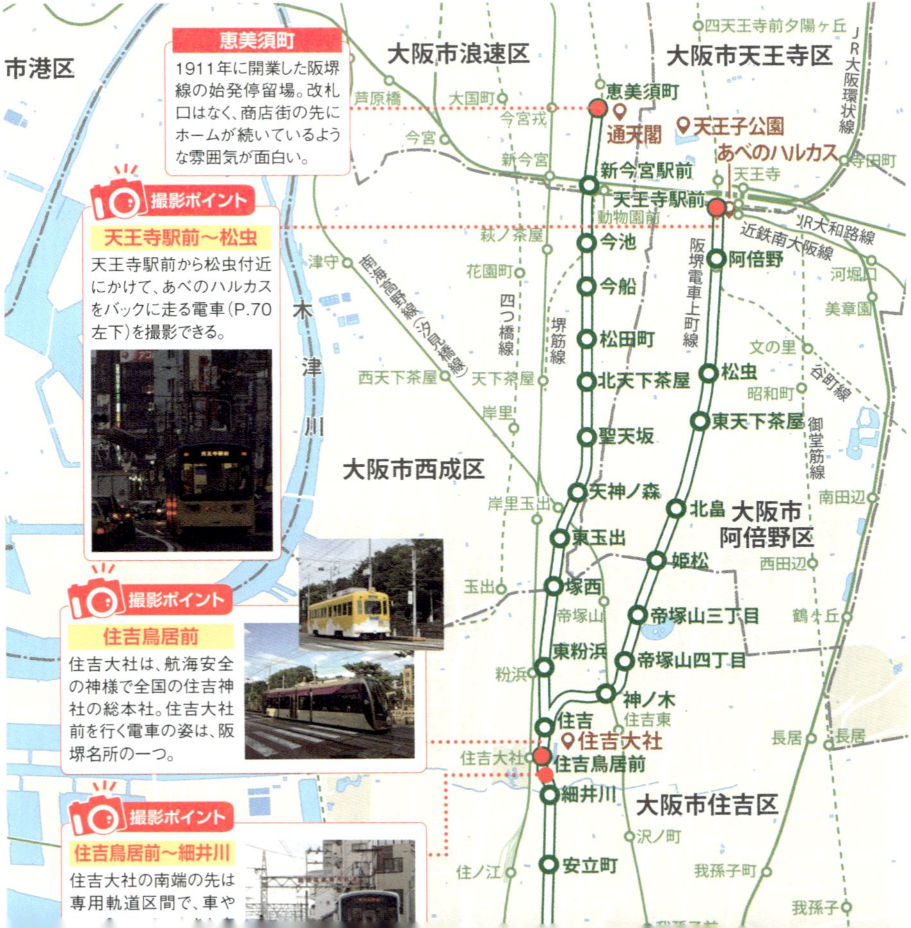

恵美須町
1911年に開業した阪堺線の始発停留場。改札口はなく、商店街の先にホームが続いているような雰囲気が面白い。

撮影ポイント
天王寺駅前～松虫
天王寺駅前から松虫付近にかけて、あべのハルカスをバックに走る電車(P.70左下)を撮影できる。

撮影ポイント
住吉鳥居前
住吉大社は、航海安全の神様で全国の住吉神社の総本社。住吉大社前を行く電車の姿は、阪堺名所の一つ。

撮影ポイント
住吉鳥居前～細井川
住吉大社の南端の先は専用軌道区間で、車や

□天神ノ森《てんじんのもり》 0.4km ／
□東玉出《ひがしたまで》 0.4km ／
□塚西《つかにし》 0.4km ／
□東粉浜《ひがしこはま》 0.6km ／
□住吉《すみよし》 0.4km ／
□住吉鳥居前《すみよしとりいまえ》 0.2km ／
□細井川《ほそいがわ》 0.3km ／
□安立町《あんりゅうまち》 0.5km ／
□我孫子道《あびこみち》 0.6km ／
□大和川《やまとがわ》 0.6km ／
□高須神社《たかすじんじゃ》 0.5km ／
□綾ノ町《あやのちょう》 0.4km ／
□神明町《しんめいちょう》 0.4km ／
□妙国寺前《みょうこくじまえ》 0.3km ／
□花田口《はなたぐち》 0.3km ／
□大小路《おおしょうじ》 0.3km ／
□宿院《しゅくいん》 0.4km ／
□寺地町《てらぢちょう》 0.4km ／
□御陵前《ごりょうまえ》 0.4km ／
□東湊《ひがしみなと》 0.7km ／
□石津北《いしづきた》 0.7km ／
□石津《いしづ》 0.6km ／
□船尾《ふなお》 0.7km ／
□浜寺駅前《はまでらえきまえ》 1.2km ／
□帝塚山四丁目《てづかやまよんちょうめ》 0.3km ／
□神ノ木《かみのき》 0.4km ／
□住吉《すみよし》 0.6km ／

車両

□モ161形／6両
□モ351形／5両
□モ501形／5両
□モ601形／7両
□モ701形／11両
□1001形(堺トラム)／3編成
□デト11(電動貨車)／1両

公園中央にそびえる高さ60mの平和塔は、大仙公園のシンボルタワー

見る

百舌鳥古墳群・大仙公園

世界最大級の巨大古墳のもとはるか古代に思いを馳せる

阪堺電軌御陵前電停の東側一帯には、上石津ミサンザイ古墳（履中天皇陵といわれる）など墳丘長200m以上の巨大古墳3基を含む古墳群があり、百舌鳥古墳群と呼ばれている。

大仙陵古墳（仁徳天皇陵といわれる）は全長約486mの日本最大の前方後円墳。クフ王のピラミッド、始皇帝陵と並んで世界三大墳墓に数えられている。大仙陵古墳とミサンザイ古墳の間には小古墳が点在していて、一帯は大仙公園となっている。

水と緑と歴史に彩られた大仙公園には、堺市博物館、自転車博物館、茶室「伸庵」「黄梅庵」、日本庭園などの文化施設があり、日本の都市公園百選や日本の歴史公園百選に選ばれている。

見る

あべのハルカス

地上60階、地上高300mの日本で最も高い高層ビルで、2014年に全面開業。近鉄百貨店や美術館、大阪マリオット都ホテル、展望台などの施設がある。

見る

町家歴史館・山口家住宅

建造は大坂夏の陣直後の1615年。江戸時代初期の町家建築として重要文化財に指定されている。屋内は近世堺の町衆文化や伝統産業を紹介する資料館。

見る

浜寺公園駅舎

阪堺線終点の浜寺駅前にある南海本線の駅。現在も利用されている駅舎としては私鉄最古。1907年に辰野金吾の設計で建造された国の登録有形文化財だ。

乗車記録

西大寺前交差点を曲がる「MOMO」。後方円形のビルは岡山シンフォニービル。

tramcar in JAPAN 13

岡山電気軌道

おかやまでんききどう

「MOMO」「KURO」「たま電車」など
特色ある車両が魅力的。
路線延長、環状線化、吉備線のLRT化など、
将来を見据えた計画が目白押しだ。

後楽園も烏城も路面電車に乗って

岡山電軌の路線の総延長は、日本の路面電車最短の４・７km。短いながら、車両も会社自体も活気やプランにあふれていて、楽しい話題を提供してくれる。

車両総数は19両＋２編成。車種は変化に富んでおり、最新鋭の超低床車9200形の愛称は「桃太郎」にちなんだ「MOMO」。元東武日光軌道線3000形の1両は烏城をモチーフにした黒色で、「KURO」と呼ばれている。

岡山電軌が所属する両備グループは、赤字地方交通の経営立て直しを得意とする「再生請負人」として知られる。南海電鉄の貴志川線を再生したのは岡山電軌が設立した和歌山電鐵で、２００９年には和歌山電鐵たま駅長のキャラクターをデザインした「たま電車」が岡山にもお目見えした。

現在、ＪＲ岡山駅前まで路線を延長する計画が進んでいる。

9200形

「MOMO」の愛称で市民に親しまれている２車体２台車の超低床連接車。登場は2002年で、現在２編成が活躍中だ。

3000形

元東武鉄道日光線の100形電車。3007号は烏城をイメージした「KURO」。3005号は東武時代の塗装。

7000形

岡山電軌開業70周年を記念して1980年に登場した新製車で、日本初の冷暖房完備電車。7001号は「たま電車」。

その他の車両
9200形以外の車両は、岡電オリジナルの「石津式」と称される独自のパンタグラフを装備。旧呉市電や旧秋田市電など、今はなき各地の電車がある。

車両

□3000形／2両　□7000形／2両
□7100形／2両　□7200形／2両
□7300形／2両　□7400形／1両
□7500形／1両　□7600形／1両
□7700形／1両　□7900形／5両
□9200形（MOMO）／2編成

鶴見橋

町と後楽園を結ぶ橋。

後楽園

岡山市中区

月見橋

後楽園と烏城を結ぶ歩行者専用の橋。橋の上から川越しの烏城を撮影できる。

林原美術館

冑や刀剣、「平家物語巻」など、日本古来の術品を蒐集展示する。洛中洛外図屏風」など要文化財のコレクショも多数ある。

納言

車庫

田屋敷　東山　岡山電気軌道（工場）

東山

東山線の終点。岡山電軌の本社と、道路を挟んで南北に分かれた東山車庫がある。停留場の先で線路が左右に分かれ、両側の車庫に向かっている。

中納言

tramcar JAPAN 13

岡山電気軌道（岡電）

おかやまでんききどう（おかでん）

営業距離 4.7km
停留所、駅数 16
運　　賃 140円／1回、400円／1日乗車券（小児半額）
事業会社 岡山電気軌道株式会社（岡山市中区）
Webサイト http://www.okayama-kido.co.jp/tramway/

CHECK LIST

路線

□岡山駅前～東山（東山線）
□柳川～清輝橋（清輝橋線）

運行、系統

東山線の電車は岡山駅前～東山を往復。清輝橋線の電車は柳川から東山線に直通して岡山駅前まで走る。

停留所

＜東山線＞

□岡山駅前《おかやまえきまえ》	0.0km	／
□西川緑道公園《にしがわりょくどうこうえん》	0.3km	／
□柳川《やながわ》	0.2km	／
□城下《しろした》	0.4km	／
□県庁通り《けんちょうどおり》	0.4km	／
□西大寺町《さいだいじちょう》	0.4km	／
□小橋《こばし》	0.6km	／
□中納言《ちゅうなごん》	0.1km	／
□門田屋敷《かどたやしき》	0.3km	／
□東山《ひがしやま》	0.3km	／

＜清輝橋線＞

□柳川《やながわ》	0.0km	／
□郵便局前《ゆうびんきょくまえ》	0.4km	／
□田町《たまち》	0.2km	／
□新西大寺町筋《しんさいだいじちょうすじ》	0.2km	／
□大雲寺前《だいうんじまえ》	0.3km	／
□東中央町《ひがしちゅうおうちょう》	0.2km	／
□清輝橋《せいきばし》	0.3km	／

岡山駅前
JR山陽線
岡山市立
オリエント美術館
メソポタミア、ペルシアなど、古代オリエントの文化や美術品を蒐集展示する美術館。
出石町付近
出石町
夢二郷土美
山陽新幹線
JR津山線
JR吉備線
西川緑道公園
岡山市北区
岡山県立美術館
旭川
岡山
柳川
城下
岡山駅前
西川緑道公園
林原美術館
撮影ポイント
桃太郎大通り
岡山駅と烏城や後楽園を結ぶ岡山のメインストリート。東山線、清輝橋線両系統の電車が走る。
郵便局前
県庁通り
西大寺町
岡山電気軌道東山線
田町
岡山電気軌道清輝橋線
新西大寺町筋
西大寺町
大雲寺前
撮影ポイント
京橋
旭川を渡る電車を撮影できるポイント。
東中央町
清輝橋停留場
清輝橋線の終点。国道2号の真ん中に停留場があるが、ホームの拡幅や横断歩道の設置で、バリアフリー化されている。
清輝橋
0
500m

ソメイヨシノやヤエベニシダレなど、桜の名所としても知られる。

見る

岡山後楽園

岡山藩の文化を象徴する日本三名園のひとつ

今からおよそ300年前、岡山藩第二代藩主の池田綱政が岡山城の北の旭川をはさんだ対岸に造らせた庭園。藩主の居間であり客間でもあった延養亭を中心に、唯心山や池をめぐらせた池泉回遊式の庭園で、国の特別名勝。金沢の兼六園、水戸の偕楽園とともに日本三名園に数えられている。

江戸時代には「御後園」と呼ばれていたが、1871年に岡山藩知事の池田章政によって「先憂後楽」（民より先に憂い、民より後に楽しむという施政者の心構え）の意味から、「後楽園」と改められた。

一時は戦災で荒廃していたが、1967年までに建物の修復がなされ、往時の姿で一般に開放されている。

見る

岡山城（烏城）

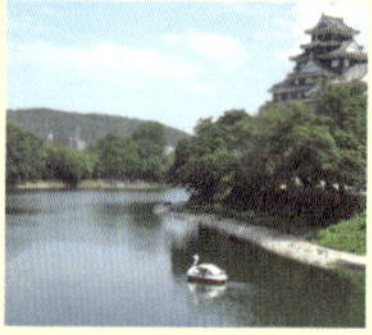

桃山時代末期の1597年、旭川河畔に宇喜多秀家によって築かれた城。現在は国指定の史跡。天守外壁の黒漆塗りの下見板から、「烏城」の別名がある。

見る

岡山の美術館

県立美術館は岡山ゆかりの雪舟や宮本武蔵の作品を、林原美術館は備前刀の銘品を、夢二郷土美術館は竹久夢二の作品を3000点、それぞれ展示している。

見る

おかでんミュージアム

東山電停横の岡山電軌工場が、デザイナー水戸岡鋭治の技を得て、おかでんミュージアムとしてオープン。「MOMO」の模型や映像上映などが楽しめる。

見る

出石町

後楽園の最寄り町として発展した町。戦災を免れたために、大正時代の街並みが残る。一帯には美術館やおしゃれなカフェが多く、街歩きに最適な地域。

乗車記録

tramcar in JAPAN 14

広島電鉄《ひろしまでんてつ》

広島の路面電車は、動く電車の博物館。
利用者数、停留所数、
車両数、車両の多彩さなど、
すべての面で日本一の路面電車。

2つの世界遺産を結んで走る

広島の路面電車は、約120万の人口を擁する政令指定都市広島にとって、欠くことのできない足だ。

路線網は、広島駅、官庁街、宇品港など、市内中心部をほぼカバーしており、路線の総延長は、軌道線19・0kmと鉄道線16・1kmを合わせて35・1km。現役車両と保存車両を合わせた所有車両数は、単行車が74両、連接車が60編成223両の、合計297両。すべてが日本一の規模を誇る路面電車である。

市内の原爆ドームと郊外の厳島という2つの世界遺産を結んで走っているので、観光客にとっても利用価値が高い。

車両も多彩で、日本で初めて導入されたドイツ・シーメンス社製の5連接超低床車の「GREENMOVER」5000形などの新鋭の連接車とともに、原爆で被爆した「被爆電車」650形3両も現役で走っている。

広島市の中心近く、広島市役所前停留場付近を行く、1系統と7系統の電車

1000形

2013年に登場した広電最新の超低床車。1003号以後は「GREEN MOVER LEX」の愛称で呼ばれている。

650形

650形は全車が被爆。652号は被爆直後に市内を走り、市民を勇気づけた。現在も3両が現役として活躍中だ。

200形

広島市の姉妹都市ハノーバー（ドイツ）から寄贈された電車で、12月には「クリスマス電車」として使用されている。

その他の車両	「動く電車の博物館」と称されるほど、多種多彩な電車が所属し、運転されている。5000形はドイツ・シーメンス社製の、5100形は国産の超低床車。

<白島線>

□八丁堀《はっちょうぼり》	0.0km	／
□女学院前《じょがくいんまえ》	0.5km	／
□縮景園前《しゅっけいえんまえ》	0.2km	／
□家庭裁判所前《かていさいばんしょまえ》	0.3km	／
□白島《はくしま》	0.2km	／

<皆実線>

□的場町《まとばちょう》	0.0km	／
□段原一丁目《だんばらいっちょうめ》	0.5km	／
□比治山下《ひじやました》	0.4km	／
□比治山橋《ひじやまばし》	0.5km	／
□南区役所前《みなみくやくしょまえ》	0.3km	／
□皆実町二丁目《みなみまちにちょうめ》	0.4km	／
□皆実町六丁目《みなみまちろくちょうめ》	0.4km	／

元宇品口

宇品線の終点近く、海岸通から広島港にかけては、軌道緑化とセンターポール化が進んでいる。

広島電鉄(ひろでん)

ひろしまでんてつ(ひろでん)

営業距離	35.1km
停留所、駅数	77
運　　賃	160円～／1枚600円／電車1日乗車券(小児半額)
事業会社	広島電鉄株式会社(広島県広島市中区)
Webサイト	http://www.hiroden.co.jp/train/

CHECK LIST

路線

※軌道線
□広島駅～広電西広島 (本線)
□紙屋町～広島港 (宇品線)
□土橋～江波 (江波線)
□十日市町～横川駅 (横川線)
□的場町～皆実町六丁目 (皆実線)
□白島～八丁堀 (白島線)
※鉄道線
□広電西広島～広電宮島口 (宮島線)

運行、系統

□1号線／広島駅～(紙屋町東)～広島港
□2号線／広島駅～(紙屋町)～広電宮島口
□3号線／広電西広島～(紙屋町西)～宇品二丁目・広島港
□5号線／広島駅～(比治山下)～広島港
□6号線／広島駅～(紙屋町)～江波
□7号線／横川駅～(紙屋町西)～広電本社前
□8号線／横川駅～(土橋)～江波
□9号線／八丁堀～白島

停留所

□皆実町六丁目《みなみまちろくちょうめ》	0.5km	／
□広大附属学校前《ひろだいふぞくがっこうまえ》	0.3km	／
□県病院前《けんびょういんまえ》	0.3km	／
□宇品二丁目《うじなにちょうめ》	0.3km	／
□宇品三丁目《うじなさんちょうめ》	0.2km	／
□宇品四丁目《うじなよんちょうめ》	0.4km	／
□宇品五丁目《うじなごちょうめ》	0.2km	／
□海岸通《かいがんどおり》	0.5km	／
□元宇品口《もとうじなぐち》	0.3km	／
□広島港《ひろしまこう》(宇品《うじな》)	0.5km	／

<宇品線>

□紙屋町東・西《かみやちょうひがし にし》	0.0km	／
□本通《ほんどおり》	0.2km	／
□袋町《ふくろまち》	0.3km	／
□中電前《ちゅうでんまえ》	0.3km	／
□市役所前《しやくしょまえ》	0.3km	／
□鷹野橋《たかのばし》	0.4km	／
□日赤病院前《にっせきびょういんまえ》	0.2km	／
□広電本社前《ひろでんほんしゃまえ》	0.4km	／
□御幸橋《みゆきばし》	0.2km	／

撮影ポイント

相生橋

本川(旧太田川)と元安川の分岐点に架かる三叉路の橋。電車と原爆ドームを撮影するポイントとして知られている。

原爆ドーム

平和記念公園

撮影ポイント

紙屋町交差点

諸官庁や商業ビルが立ち並ぶ広島市の中心。停留場は東西に分かれ、終日1,2,3,6,7,9系統の電車が引きも切らず行き交う。

広電本社前

電停に隣接して広島電鉄の本社と千田車庫がある。千田車庫は広電最古の車庫で、工場を併設し、荒手車庫と江波車庫所属車両の全般検査も行う。

撮影ポイント

広島港

広島の海の玄関口、広島港宇品旅客ターミナルに隣接するターミナル。ホームは2面3線で、全体が屋根で覆われている。

<江波線>

□土橋《どばし》	0.0km	／
□船入町《ふないりまち》	0.6km	／
□舟入本町《ふないりほんまち》	0.5km	／
□舟入幸町《ふないりさいわいちょう》	0.3km	／
□舟入川口町《ふないりかわぐちちょう》	0.4km	／
□舟入南町《ふないりみなみまち》	0.6km	／
□江波《えば》	0.4km	／

<横川線>

□十日市町《とおかいちまち》	0.0km	／
□寺町《てらまち》	0.4km	／
□別院前《べついんまえ》	0.4km	／
□横川一丁目《よこがわいっちょうめ》	0.3km	／
□横川駅《よこがわえき》	0.2km	／

荒手車庫

線草津南と商工セ
ー入口の間にある
運用から離脱した
が保管されている。

焼き牡蠣

広島市南区

本線＞

島駅《ろしまえき》	0.0km ／
猿猴橋町《んこうばしちょう》	0.2km ／
的場町《とばちょう》	0.3km ／
稲荷町《なりまち》	0.3km ／
銀山町《なやまちょう》	0.4km ／
胡町《びすちょう》	0.2km ／
八丁堀《っちょうぼり》	0.1km ／
立町《てまち》	0.3km ／
紙屋町東《みやちょうひがし》・西《にし》	0.3km ／
原爆ドーム前《んばくどーむまえ》	0.3km ／
本川町《んかわちょう》	0.4km ／

車両

□100形（大正形電車）／1両
□200形（ハノーバー電車）／1両
□350形／3両　□570形／1両
□600形／1両
□650形（被爆電車）／3両
□700形／11両
□750形／2両　□800形／14両
□900形／9両　□1150形／1両
□1900形／15両　□3000形／5編成
□3100形（ぐりーんらいなー）／3編成
□3500形（ぐりーんらいなー）／1編成
□3700形（ぐりーんらいなー）／5編成
□3800形（ぐりーんらいなー）／9編成
□3900形（ぐりーんらいなー）／8編成
□3950形（Green Liner）／6編成
□5000形（GREEN MOVER）／12編成
□5100形（Green mover max）／10編成
□1000形（PICCOLO、PICCOLA、GREEN MOVER LEX）／10両
□貨50形／1両

□広電五日市《ひろでんいつかいち》	0.6km	／
□佐伯区役所前《さえきくやくしょまえ》	0.6km	／
□楽々園《らくらくえん》	0.9km	／
□山陽女子大前《さんようじょしだいまえ》	1.1km	／
□広電廿日市《ひろでんはつかいち》	0.7km	／
□廿日市市役所前《はつかいちしやくしょまえ》(平良《へら》)	0.8km	／
□宮内《みやうち》	0.8km	／
□ＪＡ広島病院前《じぇいえー ひろしまびょういんまえ》	0.4km	／
□地御前《じごぜん》	0.5km	／
□阿品東《あじなひがし》	1.5km	／
□広電阿品《ひろでんあじな》	0.7km	／
□広電宮島口《ひろでんみやじまぐち》	1.5km	／

<宮島線>

□広電西広島《ひろでんにしひろしま》	0.0km	／
□東高須《ひがしたかす》	1.0km	／
□高須《たかす》	0.4km	／
□古江《ふるえ》	0.7km	／
□草津《くさつ》	0.8km	／
□草津南《くさつみなみ》	0.6km	／
□商工センター入口《しょうこうせんたーいりぐち》	0.7km	／
□井口《いのくち》	0.6km	／
□修大附属鈴峯前《しゅうだいふぞくすずがみねまえ》	1.2km	／

撮影ポイント

広電西広島

市内線(本線)と宮島線の連絡駅で、ホームは4面7線と、路面電車としては最大規模の駅。

牡蠣筏

広電宮島口

宮島線の終点で、世界遺産厳島の最寄り駅。駅前に宮島松大汽船の桟橋がある。

厳島、厳島神社

□十日市町《とおかいちまち》	0.3km	／
□土橋《どばし》	0.3km	／
□小網町《こあみちょう》	0.2km	／
□天満町《てんまちょう》	0.3km	／
□観音町《かんおんまち》	0.2km	／
□西観音町《にしかんおんまち》	0.3km	／
□福島町《ふくしまちょう》	0.3km	／
□広電西広島《ひろでんにしひろしま》	0.7km	／

朱塗りの大鳥居は、高さ16m、重さは60トン。自重だけで海中に立つ

見る

厳島神社

壮麗な平安文化を今に伝える海上の回廊や大鳥居

広島湾に浮かぶ厳島（宮島）の、弥山北麓に鎮座する神社。日本独自の文化を伝える優れた建築と文化的景観で、1996年世界遺産に登録された。

社伝によれば、創建は推古元年（593年）。市杵島姫命、田心姫命、湍津姫命という航海の神を祀り、延喜式では安芸国一宮とされた。1168年には厳島神社を尊崇していた平清盛によって、現在のような108間の回廊で結ばれた寝殿造りの海上社殿が造営された。戦国時代末期には毛利元就の庇護を受け、本殿の改築が行われている。

現在は、本殿や平舞台などの6棟が国宝、大鳥居や能舞台などの11棟3基が重文に指定されている。

見る

原爆ドームと平和公園

原爆ドームは広島に投下された原爆の惨禍を伝える被爆建造物で、「負の世界遺産」と呼ばれることもある。元安川の対岸には広島平和記念公園が広がる。

見る

広島城

1589年から10年を費やして毛利輝元が築城した平城。国の史跡で、日本百名城の一つ。原爆の破壊目標となった城で、復元された天守閣は歴史博物館。

見る

三瀧寺

三滝山にある真言宗の寺院で、中国三十三観音の第十三番札所。朱塗りの多宝塔は原爆犠牲者慰霊のために和歌山県から移築されたもので、県指定の重文。

見る

黄金山

市街地南東に位置する標高222mの山。広島市街や広島湾、呉方面までを一望できる展望台。山頂周辺は黄金山緑地公園で、桜の名所としても名高い。

松山城下、市役所前電停付近で「坊っちゃん列車」がすれ違う。

tramcar in JAPAN 15

伊予鉄・市内電車《いよてつ・しないでんしゃ》

伊予の明るい日差しの下を元気に走る
みかん色の市内電車と「坊っちゃん列車」。
子規、漱石など、文豪や俳人の足跡を訪ねて
松山をめぐる旅にも大活躍。

「坊っちゃん列車」で道後温泉へ

　四国初の鉄道は、1888（明治21）年に開業した伊豫鉄道の三津〜松山（現松山市）間で、夏目漱石の『坊っちゃん』に登場したところから、「坊っちゃん列車」の名が全国に知られるようになった。この「坊っちゃん列車」が、2001年に松山市内線で復活。復活列車はかつての蒸気機関車をディーゼル機関車に改造したもので、松山市駅前〜道後温泉と、古町〜JR松山駅前〜道後温泉間で運転されており、地元の人にも観光客にも愛されている。

　伊予鉄市内線には、「坊っちゃん列車」の方向転換や、大手町の鉄道線と軌道線の平面交差など、見どころが多い。構内の配線上、車長が長い連接車は入線できないが、高頻度運転で輸送力をカバーしており、伊予の特産品のミカンの色をした電車が連なるように走る姿は、実に壮観だ。

モハ2100形

超低床車としては世界初の単車。2002年に登場したリトルダンサーシリーズで、伊予鉄初のVVVFインバータ制御車。

モハ50形

松山市内線で最大の両数を誇る主力電車。1951～65年にかけて製造され、ワンマン化、冷房化などの改造が施された。

坊っちゃん列車

2001年に登場して、たちまち人気者に。正式名称は、D1形機関車＋ハ1形客車2両と、D2形機関車＋ハ31形客車。

その他の車両　伊予鉄2000形は元京都市電の2000形。2100形の導入で旧型車の廃車が進んでいるが、2100形は定員が少なく、当分の間旧型車も残る。

伊予鉄·市内電車

いよてつ·しないでんしゃ

営業距離 9.6km
停留所、駅数 27
運　　賃 160円／1回、500円／市内電車1dayチケット（小児半額）
事業会社 伊予鉄道株式会社（愛媛県松山市）
Webサイト http://www.iyotetsu.co.jp/

CHECK LIST

路線

<鉄道線>
□古町～平和通一丁目（城北線）
<軌道線>
□道後温泉～西堀端（城南線）
□平和通一丁目～上一万（城南線連絡支線）
□西堀端～本町六丁目（本町線）
□古町～JR松山駅前～西堀端（大手町線）
□松山市駅～南堀端（花園線）

運行、系統

□1系統／松山市駅～JR松山駅前～木屋町～大街道～松山市駅（環状線、時計回り）
□2系統／松山市駅～大街道～木屋町～JR松山駅前～松山市駅（環状線、反時計回り）
□3系統／松山市駅～大街道～道後温泉
□5系統／JR松山駅前～大街道～道後温泉
□6系統／本町六丁目～大街道～道後温泉

停留所

<城北線>
□古町《こまち》 0.0km ／
□萱町六丁目《かやまちろくちょうめ》 0.5km ／
□本町六丁目《ほんまちろくちょうめ》 0.4km ／
□木屋町《きやちょう》 0.2km ／
□高砂町《たかさごちょう》 0.3km ／
□清水町《しみずまち》 0.4km ／
□鉄砲町《てっぽうちょう》 0.4km ／
□赤十字病院前《せきじゅうじびょういんまえ》 0.3km ／
□平和通一丁目《へいわどおりいっちょうめ》 0.2km ／

<本町線>
□西堀端《にしほりばた》 0.0km ／
□本町三丁目《ほんまちさんちょうめ》 0.6km ／
□本町四丁目《ほんまちよんちょうめ》 0.3km ／
□本町五丁目《ほんまちごちょうめ》 0.3km ／
□本町六丁目《ほんまちろくちょうめ》 0.3km ／

<大手町線>
□古町《こまち》 0.0km ／
□宮田町《みやたちょう》 0.4km ／
□JR松山駅前《じぇいあーるまつやまえきまえ》 0.4km ／
□大手町駅前《おおてまちえきまえ》 0.3km ／
□西堀端《にしほりばた》 0.3km ／

車両

□モハ50形／23両
□モハ2000形／5両
□モハ2100形／10両
□モニ30形（電動貨車）／1両
※坊っちゃん列車
□D1形（DL）＋ハ1形（PC）2両
□D2形（DL）＋ハ31形（PC）1両

道後温泉

子規記念博物館

撮影ポイント

道後温泉駅

1911年に建造された洋館駅舎を復元。ホームの北に坊っちゃん列車展示線と引上線が設けられていて、坊っちゃん列車の方向転換を見学できる。

<城南線、支線>
□道後温泉《どうごおんせん》 0.0km ／
□道後公園《どうごこうえん》 0.3km ／
□南町《みなみまち》 0.5km ／
□上一万《かみいちまん》 0.4km ／
□警察署前《けいさつしょまえ》 0.3km ／
□勝山町《かつやまちょう》 0.3km ／
□大街道《おおかいどう》 0.4km ／
□県庁前《けんちょうまえ》 0.4km ／
□市役所前《しやくしょまえ》 0.2km ／
□南堀端《みなみほりばた》 0.3km ／
□西堀端《にしほりばた》 0.4km ／

□上一万《かみいちまん》 0.0km ／
□平和通一丁目《へいわどおりいっちょうめ》 0.1km ／

<花園線>
□松山市駅《まつやましえき》 0.0km ／
□南堀端《みなみほりばた》 0.4km ／

撮影ポイント

古町

軌道線と鉄道線が同じ構内にあり、市内電車が鉄道線を斜めに横切る姿を撮影できる。駅に隣接して、市内電車と郊外電車の車両基地がある。

撮影ポイント

大手町

市内電車の大手町線と、伊予鉄高浜線が平面交差する。鉄道線と軌道線の平面交差は、全国でもここと、隣の古町駅だけ。

松山城ロープウェイ

坂の上の雲ミュージアム

司馬遼太郎の小説『坂の上の雲』の3人の主役、正岡子規、秋山好古、真之兄弟の足跡と、明治日本の姿を紹介する博物館。

撮影ポイント

松山市駅

撮影ポイント

市役所前付近

松山城と、濠に沿って走る電車を撮影する格好のポイント。

子規堂

松山市駅の南、正宗寺境内の子規堂では子規の写真や手紙などを展示。境内には「マッチ箱のような」客車も展示されている。

道後温泉本館入浴料は、1階神の湯410円、3階霊の湯個室1550円

遊ぶ

道後温泉

「坊っちゃん列車」に乗って「坊っちゃん湯」へ

道後温泉は日本三古湯の一つ。万葉集では「熱田津（にぎたつ、熱い湯の意）」と詠まれている。源泉の温度は46℃前後の単純泉で、神経痛やリューマチ、胃腸病などに効能があるとされる。

温泉の中心は共同浴場の道後温泉本館で、「坊っちゃん湯」の愛称がある。道後温泉本館の「神の湯本館棟」や、日本で唯一の皇室専用浴室「又新殿」などの4棟は国の重要文化財。本館3階奥の個室は「坊っちゃんの間」で、漱石関連の資料を展示。振鷺閣では毎日朝6時、正午、夕方6時に刻太鼓が打たれる。

道後温泉本館は観光客の利用が多いが、もう一つの共同浴場「椿の湯」の利用者は地元の人たちが中心だ。

見る

松山城

標高132mの勝山に立つ平山城で、大天守などが重要文化財に指定されている。山麓の東雲口から長者ヶ平（山頂駅）まで、松山城ロープウェイで約3分。

見る

梅津寺公園

梅津寺駅に隣接する公園。園内に保存されている伊豫鉄道甲1号機関車は現存する日本最古の軽便蒸気機関車で、復活坊っちゃん列車D1形機関車のモデル。

見る

子規記念博物館・子規堂

道後公園北の子規記念博物館では、映像やパネルで子規の生涯や作品を紹介。松山市駅近くの正宗寺の子規堂では、子規が使っていた机や遺品を展示する。

tramcar in JAPAN 16

とさでん交通《とさでんこうつう》

とさでんは、路面電車としては日本一長い路線を持つ。
南国土佐の中心、高知のはりまや橋で、
後免線、伊野線、桟橋線、駅前線が交差する。
ヨーロッパ製車両の導入も特長だ。

維新号で幕末の史跡めぐりを

　四国初の鉄道は伊予鉄だが、高知は四国の電車の発祥の地。とさでん交通の前身、土佐電氣鉄道が堀詰～グランド通と梅の辻～桟橋車庫前で電車の運転を始めたのは1904年のことで、現在もとさでん交通は県下唯一の電車だ。
　とさでん交通は、広電に次いで日本で2番目、路面電車としては日本一長い路線を有する。高知駅前と桟橋通五丁目を結んで市内を南北に走る駅前線と桟橋線、いの町の伊野に向かって西走する伊野線、東に向かって南国市の後免町をめざす後免線。この4路線が南国土佐の中心はりまや橋で交差する。
　土佐といえば、薩長とともに維新の英傑や明治の元勲が輩出した地。とさでん交通沿線にも、坂本龍馬や板垣退助といった人々ゆかりの名所や旧跡が多く、路線には100形ハートラムとともに、1905年製造の「維新号」が走る。

はりまや橋付近。左が高知駅、右が港、手前が伊野方面、奥が後免方面。

100形

2002年に登場した、アルナ車両リトルダンサーシリーズの、3車体3台車の超低床連接車で、愛称は「ハートラム」。

600形

都電7000形をモデルとして、1957～64年の間に31両が製造された。現在も全車健在で、とさでんの主力電車だ。

7形

とさでん開業翌年の1905年に製造された7形電車を再現した「維新号」。オープンデッキで、車両下部に救助網を装備。

その他の車両　200形は都電6000形をモデルにして1950年に登場。600形は200形と同じ車体のカルダン駆動車で、2000形は200形の車体更新車。

路線

- □はりまや橋～伊野（伊野線）
- □後免町～はりまや橋（後免線）
- □はりまや橋～桟橋通五丁目（桟橋線）
- □はりまや橋～高知駅前（駅前線）

運行、系統

- □伊野、朝倉（大学前）～文珠通
- □鏡川橋～後免町、領石通
- □高知駅前～鏡川橋、桟橋通五丁目、文珠通など

tramcar in JAPAN 16

とさでん交通

とさでんこうつう

営業距離	25.3km
停留所、駅数	76
運賃	200円／市内均一1回ほか、1000円／電車1日乗車券（小児半額）
事業会社	とさでん交通株式会社（高知県高知市）
Webサイト	http://www.tosaden.co.jp/train/

中村時計博物館

後免中町停留場の北、中村時計店2階にある私設博物館。昔懐かしい柱時計や懐中時計など、世界各国の3000点近い時計コレクションがある。

撮影ポイント

後免町

後免線の起点駅で、土佐くろしお鉄道阿佐線（ごめん・なはり線）の乗り換え駅。駅の西方に留置線が設けられている。

竹林寺

山号は五台山。四国八十八箇所霊場第三十一番札所。本尊は八十八箇所唯一の文殊菩薩で、夢窓疎石策定と伝わる庭園は国の名勝。

撮影ポイント

桟橋車庫前

?場に隣接してとさで
:社と桟橋車庫があ
亭留場の南は高知
北側には高知市立
民権記念館がある。

車両

- □100形（ハートラム）／1編成
- □200形／14両
- □590形／2両
- □600形／29両
- □700形／3両
- □800形／4両
- □1000形／2両　2000形／3両
- □7形（維新号）／1両
- □198形（元オスロ市電）／1両
- □320形（元グラーツ市電）／1両
- □910形（元リスボン市電）／1両
- □貨1形／1両

CHECK LIST

停留所

□東新木《ひがししんぎ》 0.3km ／
□新木《しんぎ》 0.4km ／
□介良通《けらどおり》 0.4km ／
□文珠通《もんじゅどおり》 0.4km ／
□高須《たかす》 0.2km ／
□県立美術館通《けんりつびじゅつかんどおり》 0.2km ／
□西高須《にしたかす》 0.2km ／
□葛島橋東詰《かずらしまばしひがしづめ》 0.4km ／
□知寄町三丁目《ちよりちょうさんちょうめ》 0.3km ／
□長崎《ながさき》 0.4km ／
□明見橋《みょうけんばし》 0.3km ／
□一条橋《いちじょうばし》 0.4km ／
□清和学園前《せいわがくえんまえ》 0.1km ／
□領石通《りょうせきどおり》 0.5km ／
□北浦《きたうら》 0.4km ／
□舟戸《ふなと》 0.5km ／
□鹿児《かこ》 0.4km ／
□田辺島通《たべしまどおり》 0.5km ／

＜後免線＞

□後免町《ごめんまち》 0.0km ／
□後免東町《ごめんひがしまち》 0.2km ／
□後免中町《ごめんなかまち》 0.3km ／
□後免西町《ごめんにしまち》 0.2km ／
□東工業前《ひがしこうぎょうまえ》 0.5km ／
□住吉通《すみよしどおり》 0.2km ／
□篠原《しのはら》 0.4km ／
□小篭通《こごめどおり》 0.6km ／
□知寄町《ちよりちょう》 0.4km ／
□知寄町二丁目《ちよりちょうにちょうめ》 0.2km ／
□知寄町一丁目《ちよりちょういっちょうめ》 0.3km ／
□宝永町《ほうえいちょう》 0.3km ／
□菜園場町《さえんばちょう》 0.4km ／
□デンテツターミナルビル前《でんてつたーみなるびるまえ》 0.5km ／
□はりまや橋《ばし》 0.1km ／

停留所

- □高知城前《こうちじょうまえ》 0.2km ／
- □県庁前《けんちょうまえ》 0.2km ／
- □グランド通《ぐらんどどおり》 0.3km ／
- □枡形《ますがた》 0.2km ／
- □上町一丁目《かみまちいっちょうめ》 0.2km ／
- □上町二丁目《かみまちにちょうめ》 0.2km ／
- □上町四丁目《かみまちよんちょうめ》 0.3km ／
- □上町五丁目《かみまちごちょうめ》 0.2km ／
- □旭町一丁目《あさひまちいっちょうめ》 0.4km ／
- □桟橋通二丁目《さんばしどおりにちょうめ》 0.2km ／
- □桟橋通三丁目《さんばしどおりさんちょうめ》 0.3km ／
- □桟橋通四丁目《さんばしどおりよんちょうめ》 0.2km ／
- □桟橋車庫前《さんばししゃこまえ》 0.4km ／
- □桟橋通五丁目《さんばしどおりごちょうめ》 0.2km ／

＜伊野線＞

- □はりまや橋《ばし》 0.0km ／
- □堀詰《ほりづめ》 0.3km ／
- □大橋通《おおはしどおり》 0.3km ／

＜駅前線＞

- □高知駅前《こうちえきまえ》 0.0km ／
- □高知橋《こうちばし》 0.3km ／
- □蓮池町通《はすいけまちどおり》 0.2km ／
- □はりまや橋《ばし》 0.3km ／

＜桟橋線＞

- □はりまや橋《ばし》 0.0km ／
- □梅《うめ》の辻《つじ》 0.6km ／
- □桟橋通一丁目《さんばしどおりいっちょうめ》 0.5km ／

大橋通

大橋通商店街は、土佐の台所ともいわれる商店街。商店街の北には地元食材の販売と飲食店が集まったひろめ市場がある。

日曜市

1690(元禄3)年以来、300年以上にわたって続いている名物市場。城下追手筋の全長1300メートルに、420店が軒を連ねている。

停留所

- □北山《きたやま》　0.4km ／
- □鳴谷《なるたに》　0.5km ／
- □伊野駅前《いのえきまえ》　0.2km ／
- □伊野《いの》　0.2km ／
- □朝倉神社前《あさくらじんじゃまえ》　0.5km ／
- □宮の奥《みやのおく》　0.5km ／
- □咥内《こうない》　0.5km ／
- □宇治団地前《うじだんちまえ》　0.9km ／
- □八代通《やしろどおり》　0.4km ／
- □中山《なかやま》　0.3km ／
- □枝川《えだがわ》　0.3km ／
- □伊野商業前《いのしょうぎょうまえ》　0.6km ／
- □北内《きたうち》　0.1km ／
- □旭駅前通《あさひえきまえどおり》　0.3km ／
- □旭町三丁目《あさひまちさんちょうめ》　0.3km ／
- □蛍橋《ほたるばし》　0.3km ／
- □鏡川橋《かがみがわばし》　0.5km ／
- □鴨部《かもべ》　0.5km ／
- □曙町東町《あけぼのちょうひがしまち》　0.4km ／
- □曙町《あけぼのちょう》　0.3km ／
- □朝倉《あさくら》　0.2km ／
- □朝倉駅前《あさくらえきまえ》　0.2km ／

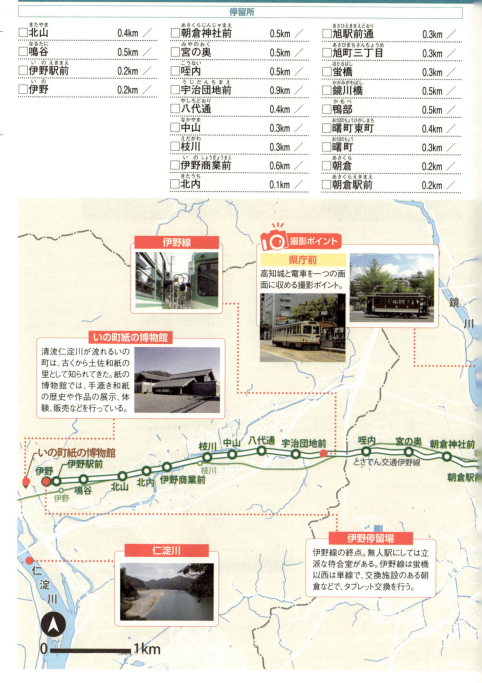

オスロ市電の特徴である水色を基調としたカラーに復元した。

見る

外国製電車

ヨーロッパの風を運ぶ電車が高知の街を行く

とさでん交通は、路面電車の認知度アップや活性化のために、維新号運転などさまざまな車両の運転やイベントを行ってきたが、その一環としてヨーロッパ製の路面電車の導入も積極的に行ってきた。

910号は元ポルトガルのリスボン市電で、1947年にイギリスのCCFL社で製造されたボギー車。

320号はとさでん交通の兄弟会社である、オーストリアのグラーツ市電のクラシック電車。320という数字は兄弟会社提携日の1992年3月20日を記念したもので、イベントなどで元気に運行を続けている。

198号は1939年に製造されたノルウェーのオスロ市電で、流線形のスタイルから「ゴールドフィッシュ」の愛称がある。

見る

はりまや橋

高知市の中心にある橋で、とさでん交通の4路線が交わる交通の要衝。ひらがな表記されることが多いが、本来は土佐の豪商に由来する「播磨屋橋」だ。

遊ぶ

高知城

高知平野の中心に築かれた平山城で、鷹城の別名がある。土佐藩主山内一豊により、1603年に築城された。江戸期建造の天守や追手門などが現存する。

見る

龍馬の生まれたまち記念館

坂本龍馬が生まれ育った高知市上町にある資料館。土佐藩を脱藩するまでの龍馬の青春期、坂本家の人々、当時の上町の様子を展示。上町一丁目電停下車。

乗車記録

tramcar in JAPAN 17

長崎電気軌道《ながさきでんききどう》

長崎は坂の街、異国情緒に満ちた街。
平和を願う街には路面電車がよく似合う。
路面電車に乗って、
出島へ、大浦天主堂へ、旧グラバー住宅へ。

1日500円で長崎観光を

長崎電気軌道は、1915年に病院下（現大学病院前）～築町間に最初の路線を開業して以来、100年以上にわたって運行を続けてきた希有な会社だ。途中、路線の付け替えはあったものの、路線の廃止は行われなかった。

乗車料金は1984年以降の長きにわたって一律100円で、2009年に25年ぶりに120円に値上げされたが、これは路面電車の乗車賃としては日本一安い金額である。築町で乗りかえる際には「乗継券」も使用できる。

路線は、坂の街長崎の平坦な地域をほとんどカバーしており、出島、グラバー園、大浦天主堂、眼鏡橋、平和公園などの主要な観光地は路面電車でめぐることができる。一日乗車券は500円。ホテルのフロントなどでも販売されていて、年間20万枚近く売れることもあるという人気乗車券だ。

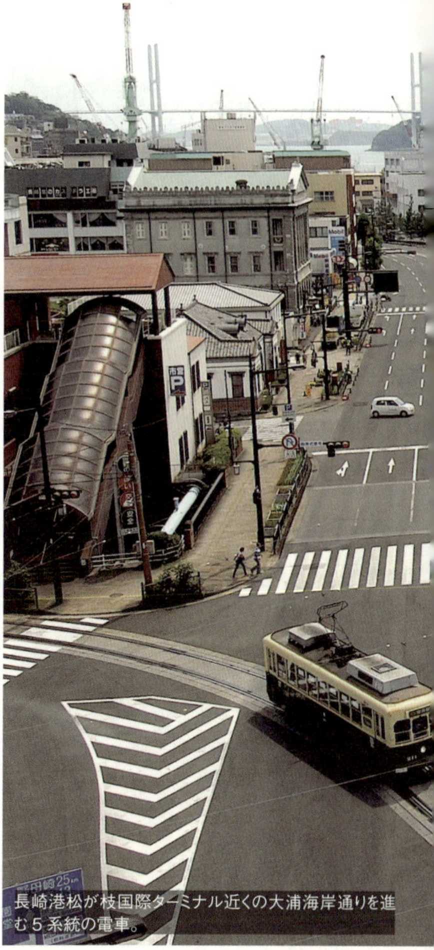

長崎港松が枝国際ターミナル近くの大浦海岸通りを進む5系統の電車。

500形

2011年に登場した長崎電軌の最新鋭超低床車。リトルダンサーシリーズの3連接車体2台車構造で、現在2編成が活躍中。

300形

1953～54年に10両製造され、現在も最多両数を誇る、長崎電軌の主力電車。冷房化などの改造が行われた。

160形

1911（明治44）年製造で、車籍がある電車としては日本最古の「明治電車168号」。年3回ほど運転されている。

その他の車両	路面電車博物館。元箱根登山鉄道の150形はじめ、都電、西鉄北九州線、熊本市電、仙台市電、大阪市電など、全国から移籍してきた車両が集まる。

tramcar in JAPAN 17

長崎電気軌道(長崎電鉄)

ながさきでんききどう(ながさきでんてつ)

営業距離 11.5km
停留所、駅数 37
運　　賃 120円／1回、500円／電車1日乗車券（小児半額）
事業会社 長崎電気軌道株式会社（長崎県長崎市）
Webサイト http://www.naga-den.com/

CHECK LIST

路線

□赤迫～住吉（赤迫支線）
□住吉～正覚寺下（本線）
□長崎駅前～公会堂前（桜町支線）
□築町～石橋（大浦支線）
□西浜町～蛍茶屋（蛍茶屋支線）

運行、系統

□1系統／赤迫～(西浜町)～正覚寺下
□3系統／赤迫～(桜町)～蛍茶屋
□4系統／正覚寺下～(西浜町)～蛍茶屋
□5系統／石橋～(西浜町)～蛍茶屋

停留所

<赤迫支線・本線>

□赤迫《あかさこ》	0.0km	／
□住吉《すみよし》	0.3km	／
□昭和町通り《しょうわまちどおり》	0.2km	／
□千歳町《ちとせまち》	0.1km	／
□若葉町《わかばまち》	0.2km	／
□長崎大学前《ながさきだいがくまえ》	0.3km	／
□岩屋橋《いわやばし》	0.3km	／
□浦上車庫前《うらかみしゃこまえ》	0.3km	／
□大橋《おおはし》	0.2km	／
□松山町《まつやままち》	0.5km	／
□浜口町《はまぐちまち》	0.4km	／
□大学病院前《だいがくびょういんまえ》	0.2km	／
□浦神駅前《うらかみえきまえ》	0.4km	／
□茂里町《もりまち》	0.2km	／
□銭座町《ぜんざまち》	0.3km	／
□宝町《たからまち》	0.5km	／
□八千代町《やちよまち》	0.3km	／
□長崎駅前《ながさきえきまえ》	0.4km	／
□五島町《ごとうまち》	0.4km	／
□大波止《おおはと》	0.3km	／
□出島《でじま》	0.3km	／
□築町《つきまち》	0.4km	／
□西浜町《にしはまのまち》	0.3km	／
□観光通り《かんこうどおり》	0.2km	／
□思案橋《しあんばし》	0.3km	／
□正覚寺下《しょうかくじした》	0.3km	／

車両

□150形／1両　□160形／1両
□201形／4両　□202形／3両
□211形／6両　□300形／10両
□360形／7両　□370形／7両
□500形／5両　□600形／1両
□700形／1両　□1050形／1両
□1200形／1両　□1200A形／4両
□1300形／5両　□1500形／6両
□1500A形／1両　□1700形／2両
□1800形／3両　□3000形／3編成
□5000形／2編成
□87形（電動貨車、花電車）／1両

カトリック浦上教会

浦上天主堂として知られる日本最大規模のカトリック教会。原爆で破壊されたが、1959年に再建。「アンジェラスの鐘」や「被爆マリア像」などの原爆遺構が残る。

赤迫
住吉
昭和町通り
千歳町
若葉町
長崎大学前
岩屋橋
浦上車庫前
大橋
松山町
浜口町
大学病院前
浦上駅前
茂里町
銭座町
JR長崎本線
赤迫支線
西浦上
JR長崎本線
本線
浦上
浦上川
長崎市
平和祈念像
平和公園
浦上天主堂
長崎原爆資料館
平和公園と平和祈念像
0 500m
赤迫
赤迫線の起点で、日本の路面電車最西端の停留場。市街北部の滑石方面への路線延長計画がある。
撮影ポイント
浦上車庫前
電停に隣接して長崎電軌の本社と車庫があり、いろいろな電車の出入庫の姿を撮影できる。
撮影ポイント
浜口町電停
赤迫方面の路線は長崎西洋館ビルの中を通り抜ける。ビルの3階には「長崎路面電車資料館」がある。

眼鏡橋

撮影ポイント

賑橋〜西浜町

賑橋と西浜町の間で、電車は中島川に架かる橋を斜めに渡る。アングルを工夫すれば、上流の眼鏡橋も撮影できる。

崇福寺

福州寺とも呼ばれる中国風の黄檗宗寺院。大雄宝殿と第一峰門は国宝に指定されている。

オランダ坂

公会堂前

<桜町支線>

□長崎駅前《ながさきえきまえ》	0.0km	／
□桜町《さくらまち》	0.4km	／
□公会堂前《こうかいどうまえ》	0.5km	／

<大浦支線>

□築町《つきまち》	0.0km	／
□市民病院前《しみんびょういんまえ》	0.3km	／
□大浦海岸通り《おおうらかいがんどおり》	0.3km	／
□大浦天主堂下《おおうらてんしゅどうした》	0.3km	／
□石橋《いしばし》	0.2km	／

<蛍茶屋支線>

□西浜町《にしはまのまち》	0.0km	／
□西浜町《にしはまのまち》(アーケード入口《あーけーどいりぐち》)	0.1km	／
□賑橋《にぎわいばし》	0.4km	／
□公会堂前《こうかいどうまえ》	0.3km	／
□諏訪神社前《すわじんじゃまえ》	0.5km	／
□新大工町《しんだいくまち》	0.3km	／
□新中川町《しんなかがわまち》	0.4km	／
□蛍茶屋《ほたるぢゃや》	0.3km	／

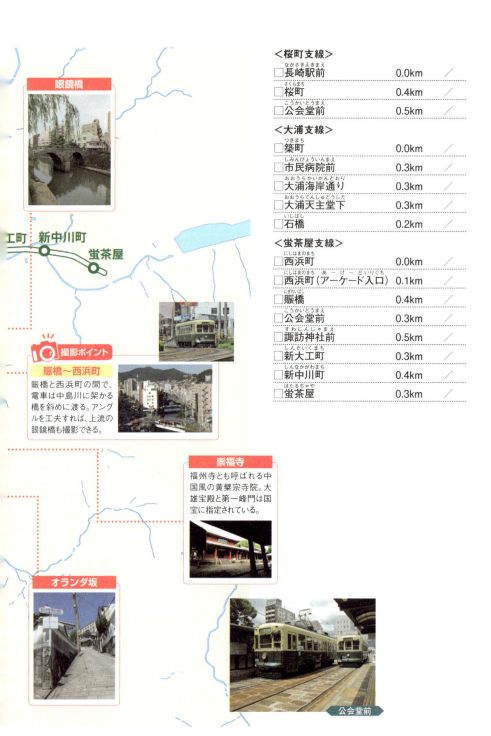

銭座町
撮影ポイント
長崎駅前
浦
上
川
JR長崎本線
宝町
長崎市
淵神社
長崎ロープウェイ
八千代町
稲佐山
長崎市街の西方にある標高333メートルの山で、山頂まで長崎ロープウェイが通じている。山頂からの夜景は、函館山、神戸摩耶山と並ぶ「日本三大夜景」の一つ。
長崎
長崎駅前
諏訪神社
桜町支線
蛍茶屋支線
桜町
五島町
本線
公会堂
眼鏡橋
賑橋
大波止
大浦海岸通り
出島
西浜町
出島
築町
観光通り
思案橋
正覚寺下
市民病院前
大浦支線
グラバー園、グラバースカイロード
グラバースカイロードは、坂の街長崎ならではの斜行エレベーター。グラバー園など南山手の坂上まで楽に登ることができ、長崎市街や港の景色も満喫できる。
オランダ坂
大浦海岸通り
孔子廟
1893年に清国政府と在日華僑が協力して建立したもので、日本で唯一の本格的な中国様式の霊廟。
大浦天主堂下
大浦天主堂
石橋
グラバー園
大浦天主堂
軍艦島
0
500m

見る

世界遺産・軍艦島

近代日本を支えた軍艦島ほか長崎の8つの産業世界遺産

端島。空から見ても海から見ても、波を蹴立てて進む軍艦のように見える。

2015年7月5日、「明治日本の産業革命遺産　製鉄・製鋼、造船、石炭産業」として8県にまたがる23の物件が世界遺産に登録された。このうち、「旧グラバー住宅」や「高島炭鉱」など、8つの産業遺産が長崎市内にある。

通称軍艦島として知られる端島は、長崎港の南西17・5kmの海上に浮かぶ島。1810年に初めて石炭が発見され、製鉄に適した良質な石炭を産出する炭坑として、近代日本の産業の発展を支えた。1916年には島に日本初の鉄筋コンクリート住宅が建てられ、様子が軍艦に似ていたことから、「軍艦島」の通称が広まった。1974年に閉山となったが、多数の生産施設や住居跡、護岸遺構が残る。

見る

グラバー園

旧グラバー住宅や、旧リンガー住宅、旧オルト住宅があった南山手の敷地に、長崎に残る歴史的建造物を移築し集めた施設。旧グラバー住宅は世界遺産。

見る

平和公園

1945年8月9日に投下された原爆の爆心地を中心に設けられた、平和への祈りをこめた公園。園内の北端に、北村西望作の「平和祈念像」がある。

見る

出島

ポルトガルやオランダとの交易を行うため、長崎港の一角に設けられた扇形をした人工島。「出島和蘭商館跡」として国の史跡に指定されている。

COCORO（右）と0801（左）。熊本城下、通町筋付近。

tramcar in JAPAN 18

熊本市電《くまもとしでん》

路面電車初の冷房車、VVVFインバータ制御車、超低床車。すべては熊本から始まった。進取の気性で、大震災も乗り越える。

市民の希望を乗せて電車は走る

熊本市電には、さまざまな「日本初」がある。1978年に路面電車初の冷房車1200形を投入。1982年には営業車としては初のVVVFインバータ制御車8200形が運転を開始。1997年には日本初の超低床車9700形が登場した。また、2002年には騒音や振動の軽減を図るべく、日本初のインファンド工法を導入。2010年には道の片側に路線を敷設するサイドリザベーション化を実施した。熊本市が初めて導入した車両や工法は、その後、日本の各鉄道会社に取り入れられて、路面電車がエコで安全、快適な公共交通機関であるということを全国の人々に知らしめた。

2016年4月16日の熊本大震災では、熊本市電も軌道の破断などの多大な被害を被ったが、早くも19日には運転を再開。市民への力強い励ましとなっている。

0800形

2008年登場の2車体2台車のブレーメン形超低床車。0803編成は水戸岡鋭治デザインで、愛称は「COCORO」。

9700形

路面と車両の床面の間隔が36cmという、日本初の100％低床の超低床車。2連接車で各車体中央に台車がある構造。

8200形

1982年に登場した日本初のVVVFインバータ制御車。8201は「しらかわ」、8202は「火の国」という愛称。

その他の車両

熊本市電の最古参、1949年製造の1063号は、まだ現役で活躍中。9201号は、姉妹都市ハイデルベルク市にちなんだ「ハイデルベルク」号。

熊本市電

くまもとしでん

営業距離 12.4km
停留所、駅数 35
運　　賃 170円／1回、500円／1日乗車券（小児半額）
事業会社 熊本市交通局（熊本県熊本市）
Webサイト http://www.kotsu-kumamoto.jp/

CHECK LIST

路線

- □熊本駅前～水道町（幹線）
- □水道町～水前寺公園（水前寺線）
- □水前寺公園～健軍町（健軍線）
- □辛島町～上熊本駅前（上熊本線）
- □熊本駅前～田崎橋（田崎線）

運行、系統

- □A系統／田崎橋、熊本駅前～健軍町
- □B系統／上熊本駅前～健軍町

停留所

- □辛島町《からしまちょう》 0.4km ／
- □花畑町《はなばたちょう》 0.2km ／
- □熊本城《くまもとじょう》・市役所前《しやくしょまえ》 0.4km ／
- □通町筋《とおりちょうすじ》 0.2km ／
- □水道町《すいどうちょう》 0.3km ／

- □味噌天神前《みそてんじんまえ》 0.5km ／
- □新水前寺駅前《しんすいぜんじえきまえ》 0.4km ／
- □国府《こくぶ》 0.3km ／
- □水前寺公園《すいぜんじこうえん》 0.4km ／

- □蔚山町《うるさんまち》 0.4km ／
- □新町《しんまち》 0.4km ／
- □洗馬橋《せんばばし》 0.2km ／
- □西辛島町《にしからしまちょう》 0.2km ／
- □辛島町《からしまちょう》 0.3km ／

＜幹線＞

- □熊本駅前《くまもとえきまえ》 0.0km ／
- □祇園橋《ぎおんばし》 0.5km ／
- □呉服町《ごふくまち》 0.5km ／
- □河原町《かわらまち》 0.4km ／
- □慶徳校前《けいとくこうまえ》 0.4km ／

＜水前寺線＞

- □水道町《すいどうちょう》 0.0km ／
- □九品寺交差点《くほんじこうさてん》 0.5km ／
- □交通局前《こうつうきょくまえ》 0.3km ／

＜上熊本線＞

- □上熊本駅前《かみくまもとえきまえ》 0.0km ／
- □県立体育館前《けんりつたいいくかんまえ》 0.4km ／
- □本妙寺入口《ほんみょうじいりぐち》 0.1km ／
- □杉塘《すぎども》 0.4km ／
- □段山町《だにやままち》 0.5km ／

車両

- □1060形／1両
- □1080形／2両
- □1090形／7両
- □1200形／6両
- □1350形／6両
- □5000形／1編成
- □8200形／2両
- □8201形（しらかわ）
- □8202形（火の国）
- □8500形／4両
- □8800形／3両
- □8800形8801（サン・アントニオ）
- □8800形8802（桂林）
- □8800形101（レトロ）
- □9200形／5両
- □9200形9201（ハイデルベルク）／1両
- □9700形／5編成 0800形／2編成
- □0800形0803（COCORO）／1編成

＜田崎線＞

- □熊本駅前《くまもとえきまえ》 0.0km ／
- □二本木口《にほんぎぐち》 0.3km ／
- □田崎橋《たさきばし》 0.2km ／

＜健軍線＞

- □水前寺公園《すいぜんじこうえん》 0.0km ／
- □市立体育館前《しりつたいいくかんまえ》 0.3km ／
- □商業高校前《しょうぎょうこうこうまえ》 0.5km ／
- □八丁馬場《はっちょうばば》 0.3km ／
- □神水《くわみず》・市民病院前《しみんびょういんまえ》 0.4km ／
- □健軍校前《けんぐんこうまえ》 0.5km ／
- □動植物園入口《どうしょくぶつえんいりぐち》 0.4km ／
- □健軍交番前《けんぐんこうばんまえ》 0.3km ／
- □健軍町《けんぐんまち》 0.3km ／

熊本市動植物園

ほ乳類、鳥類、は虫類など124種1000頭以上の動物を飼育する動物園と、日本庭園、植物園、遊園地などがある市営の動植物園。

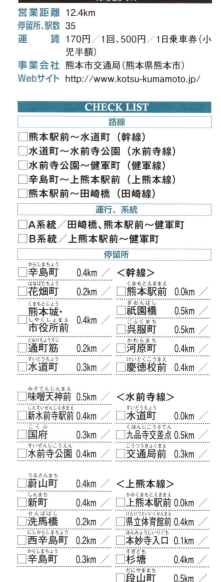

上熊本車庫

上熊本駅前電停に隣接して市電の車庫にしては大規模な上熊本車庫があり、上熊本駅前広場の北側には熊本電鉄上熊本駅がある。

撮影ポイント
熊本城長塀前

熊本城・市役所前～通町筋付近では熊本城長塀が、通町筋～水道町では熊本城をバックに走る市電（P.108写真）を撮影できる。

徳富記念館（大江義塾）

大江義塾は1882年に徳富蘇峰が開いた私塾で、弟の徳冨蘆花や宮崎滔天らが学んだ。建物は熊本市指定有形文化財で、隣接して徳富記念館が設けられている。

交通局前

大江の交通局横にはかつて車庫があり、現在も留置線が残されている。

撮影ポイント
専用軌道区間

洗馬橋～新町間は、熊本市電唯一の専用軌道区間。新町～蔚山町間では城下町風情が残る街並みを縫って電車が走る。

撮影ポイント
田崎線

田崎橋電停～熊本駅前電停区間はサイドリザベーション区間。通の西側に沿って電車が走る。

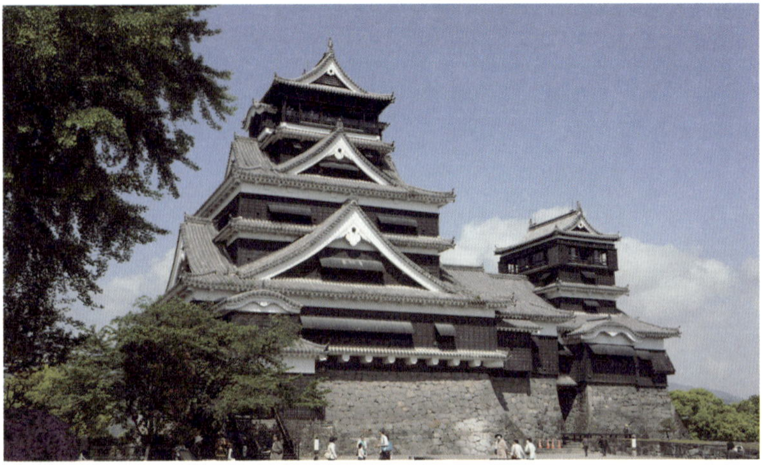

「銀杏城」とも呼ばれる熊本城。一帯は国の特別史跡「熊本城跡」（※写真は震災前のもの）

見る

熊本城

加藤清正が築城した日本三名城の一つ

中世に築かれた隈本城などを取り込み、安土桃山時代末期から江戸時代初期にかけて、築城の名人加藤清正が築いた平山城。名古屋城、姫路城とともに、日本三名城の一つに数えられている。

江戸期以降、唯一攻城戦を体験した城郭としても知られる。1877年の西南戦争の際、指揮官谷干城の下、4000人の守兵で1万4000人の西郷軍の猛攻撃を守り抜き、名城としての誉れを高めた。しかしこの戦闘で、大天守など多くの建造物が焼失してしまう。1960年に現在の天守閣が再建された。

2016年の熊本地震では、熊本城も甚大な被害を受けた。一日も早い修復が望まれる。

遊ぶ

桜の馬場　城彩苑

熊本城のふもとの桜の馬場に設けられた施設。苑内の湧々座では熊本の歴史や文化を学べる。桜の小路23店舗では熊本の食文化や工芸品を展示販売。

見る

夏目漱石内坪井旧居

1896（明治29）年、第五高等学校教師として赴任した夏目漱石の旧居で現在は記念館。漱石の新婚時代の家で、寺田寅彦が泊まった馬丁小屋も残る。

見る

北岡自然公園

熊本藩主細川家の菩提寺妙解寺跡に設けられた、細川家代々の霊廟を守る公園。墓域には、森鷗外の『阿部一族』のモデルとなった阿部家の墓などがある。

tramcar in JAPAN 19

鹿児島市電《かごしましでん》

**100年を超えた鹿児島市の電車は、
鮮やかなグリーンロードを行く。
併用軌道区間8.9kmにもなる緑化軌道は、
市を象徴する景観だ。**

薩摩の史跡めぐりは「かごでん」で

鹿児島市電とその軌道敷は、桜島と並ぶ鹿児島市を代表する景観だ。鹿児島市電は、他市に先駆けて架線柱のセンターポール化や軌道緑化に着手し、1992年に併用軌道のセンターポール化を完成させた。2012年度には、併用軌道のほぼ全区間の軌道緑化が完成。

おしゃれなデザインのセンターポールや、目に鮮やかなグリーンの軌道は、景観の向上、交通事故数の低下、ヒートアイランド現象の緩和、騒音の軽減など、さまざまな面で都市生活に貢献している。また、2010年には、512号車が改造され、世界で初の芝刈り装置を牽引する散水電車が登場している。

運行開始は1912年。2012年には電車運行100周年を記念するレトロ車両100形「かごでん」が登場。歴史ある市電が、LRVユートラムⅡが走る近未来的な街を創造している。

鹿児島のシンボル桜島をバックに甲突川を渡る1000形ユートラム。

7000形

リトルダンサーシリーズの、5連接車体3台車の超低床車。愛称は「ユートラムⅡ」で、フロントデザインがヨーロッパ風。

100形

鹿児島市の電車運行100周年を記念して2012年に登場した「かごでん」。600形の更新車で、車体はアルナ車両の新製。

9500形

元大阪市電2600型。800形としてワンマン化などを実施。その後、台車を再利用し、車体更新。車体はアルナ工機の新製。15両が走る主力電車。

その他の車両	2100形は鹿児島市制100周年記念で登場した新車。2110形、2120形、2130形、2140形はVVVF制御車。

tramcar in JAPAN 19

鹿児島市電

かごしましでん

営業距離 13.1km
停留場、駅数 35
運　　賃 170円／1日600円／市電・市バス・シティビュー一日乗車券（小児半額）
事業会社 鹿児島市交通局（鹿児島県鹿児島市）
Webサイト http://www.kotsu-city-kagoshima.jp/

CHECK LIST

路線

□武之橋～鹿児島駅前（第一期線）
□高見馬場～鹿児島中央駅前（第二期線）
□武之橋～谷山（谷山線）
□鹿児島中央駅前～郡元（唐湊線）

運行、系統

□1系統／鹿児島駅前～（騎射場）～谷山
□2系統／鹿児島駅前～（鹿児島中央駅前）～郡元

停留場

□いづろ通《どおり》 0.3km ／
□天文館通《てんもんかんどおり》 0.3km ／
□高見馬場《たかみばば》 0.5km ／
□甲東中学校前《こうとうちゅうがっこうまえ》 0.3km ／
□新屋敷《しんやしき》 0.2km ／
□武之橋《たけのはし》 0.5km ／

＜第一期線＞
□鹿児島駅前《かごしまえきまえ》 0.0km ／
□桜島桟橋通《さくらじまさんばしどおり》 0.2km ／
□水族館口《すいぞくかんぐち》 0.2km ／
□市役所前《しやくしょまえ》 0.2km ／
□朝日通《あさひどおり》 0.3km ／

高見馬場付近
南洲神社
集成館・仙巌園
JR日豊本線
鹿児島
鹿児島駅前
桜島桟橋通
水族館口
かごしま水族館
北埠頭
城山公園
市役所前
朝日通
南埠頭
高見馬場～加治屋町
鹿児島市電の、架線柱のセンターポールと軌道緑化は、美しい都市の景観作りに貢献している。
西郷隆盛銅像
いづろ通
市電第一期線
天文館通
高見馬場
市電第二期線
歴史ロード
西郷隆盛や大久保利通が生まれた加治屋町に、維新ふるさと館を中心に整備された歴史散策ロード。
甲東中学校前
大久保利通銅像
加治屋町
新屋敷
高見橋
維新ふるさと館
鹿児島中央
鹿児島中央駅前
九州新幹線
武之橋
市電唐湊線
都通
二中通
中洲通
荒田八幡
市立病院前
JR鹿児島本線
神田（交通局前）

撮影ポイント
鹿児島中央駅前
花と緑に彩られたJR鹿児島中央駅前。駅前広場には、寺島宗則や五代友厚ら19人の「若き薩摩の群像」像がある。

撮影ポイント
甲突川・武之橋
甲突川に架かる武之橋の上流側からは、橋を渡る電車と桜島（P.114～115写真）が撮影できる。

撮影ポイント
谷山電停
鹿児島市電の起終点で、人の顔のようにも見える大きな駅舎がある。ホームは2線3面の頭端式。JR谷山駅とは500メートルほど離れている。

車両

□500形／4両　□600形／9両
□2100形／2両　□2110形／3両
□2120形／2両　□2130形／2両
□2140形／2両　□9500形／15両
□9700形／2両
□1000形（ユートラム）／9両
□7000形（ユートラムⅡ）／4両
□100形（かごでん、元600形）／1両
□20形（花電車）／1両
□散水電車・芝刈り装置（元500形）／1両

□高見橋《たかみばし》　0.4km ／
□鹿児島中央駅前《かごしまちゅうおうえきまえ》　0.3km ／

□南鹿児島駅前《みなみかごしまえきまえ》　0.5km ／
□二軒茶屋《にけんちゃや》　0.7km ／
□宇宿一丁目《うすきいっちょうめ》　0.4km ／
□脇田《わきだ》　0.3km ／
□笹貫《ささぬき》　0.6km ／
□上塩屋《かみしおや》　0.8km ／
□谷山《たにやま》　0.7km ／

□唐湊《とそ》　0.2km ／
□工学部前《こうがくぶまえ》　0.2km ／
□純心学園前《じゅんしんがくえんまえ》　0.2km ／
□中郡《なかごおり》　0.3km ／
□郡元《こおりもと》　0.5km ／

＜第二期線＞

□高見馬場《たかみばば》　0.0km ／
□加治屋町《かじやちょう》　0.4km ／

＜谷山線＞

□武之橋《たけのはし》　0.0km ／
□二中通《にちゅうどおり》　0.3km ／
□荒田八幡《あらたはちまん》　0.4km ／
□騎射場《きしゃば》　0.5km ／
□鴨池《かもいけ》　0.5km ／
□郡元《こおりもと》　0.3km ／
□涙橋《なみだばし》　0.4km ／

＜唐湊線＞

□鹿児島中央駅前《かごしまちゅうおうえきまえ》　0.0km ／
□都通《みやこどおり》　0.4km ／
□中洲通《なかすどおり》　0.2km ／
□市立病院前《しりつびょういんまえ》　0.4km ／
□神田（交通局前）《しんでん こうつうきょくまえ》　0.2km ／

異人館。幕末～明治初期の洋風建築としてきわめて貴重な建造物だ。

見る

集成館事業

日本初の西洋式産業群として世界遺産に登録される

欧米列強に対抗するため近代産業を育成するべく、薩摩藩第28代藩主島津斉彬によって市街地北部の磯（鹿児島中央駅からバス約30分）に建てられた工場群が集成館。2016年、旧集成館反射炉跡（仙巌園内）、旧集成館機械工場、旧鹿児島紡績所技師館（異人館）の3資産が、「明治日本の産業革命遺産　製鉄・製鋼、造船、石炭産業」として世界遺産に登録された。

1865年建造の旧集成館機械工場は、1923年に博物館尚古集成館として開館。島津家に関する資料や、薩摩切子、薩摩焼などの伝統工芸品を展示する。

異人館は紡績所の指導者のイギリス人イー・ホームらの宿舎として1867年に建てられた洋館。

見る

桜島

鹿児島のシンボル桜島は標高1117mの活火山で、現在も活発な活動が続いている。以前は島だったが、1914年の噴火で大隅半島と陸続きになった。

遊ぶ

かごしま水族館（いおワールド）

マグロやカツオが悠々と泳ぐ黒潮大水槽、自然の姿に近いイルカを観察する「イルカの時間」など、個性的な展示が楽しみな九州最大規模の水族館。

見る

仙巌園

薩摩藩主島津氏の別邸と庭園で、「磯庭園」の別称がある。園内には世界遺産の反射炉跡や鉄製150ポンド砲がある。日本ガス灯発祥の地ともされている。

鉄道会社・交通局問い合わせ一覧

01札幌市電
011-551-3944
札幌市交通局高速電車部運輸課(電車業務係)
http://www.city.sapporo.jp/st/shiden/index.html

02函館市電
0138-52-1273
函館市交通部事業課　電車担当
https://www.city.hakodate.hokkaido.jp/bunya/hakodateshiden/

03都電荒川線
03-3816-5700
都営交通お客様センター
http://www.kotsu.metro.tokyo.jp/toden/

04東急世田谷線
03-3477-0109
東急お客さまセンター
http://www.tokyu.co.jp/

05豊鉄市内線(東田本線)
0532-53-2136
豊橋鉄道鉄道部
http://www.toyotetsu.com/shinaisen/

06富山ライトレール
076-426-1770
富山ライトレール経営企画部
http://www.t-lr.co.jp/

07富山地方鉄道市内線
076-432-3456
富山地鉄テレホンセンター
http://www.chitetsu.co.jp/

08万葉線
0766-25-4139
万葉線
http://www.manyosen.co.jp/

09福井鉄道福武線
0778-21-0706
福井鉄道鉄道部
http://www.fukutetsu.jp/

10京阪大津線
06-6945-4560
京阪電車お客様センター
https://www.keihan.co.jp/traffic/

11嵐電
075-801-2511
京福電気鉄道鉄道部運輸課
http://randen.keifuku.co.jp/tramway/

12阪堺電気軌道
06-6671-5170
阪堺電気軌道運輸区
http://www.hankai.co.jp/

13岡山電気軌道
086-272-5520
岡山電気軌道電車事業本部
http://www.okayama-kido.co.jp/

14広島電鉄
0570-550700
広電電車バステレホンセンター
http://www.hiroden.co.jp/train/index.html

15伊予鉄・市内電車
089-948-3222
伊予鉄道庶務課
http://www.iyotetsu.co.jp/

16とさでん交通
088-833-7111
とさでん交通
https://www.tosaden.co.jp/train/

17長崎電気軌道
095-845-4111
長崎電気軌道
http://www.naga-den.com/

18熊本市電
096-361-5211
熊本市交通局
http://www.kotsu-kumamoto.jp/

19鹿児島市電
099-257-2111
鹿児島市交通局
http://www.kotsu-city-kagoshima.jp/

持ち物リスト

現金	1	2	3	4	5	6	7	8	9	10
クレジットカード	1	2	3	4	5	6	7	8	9	10
スマホ・携帯電話	1	2	3	4	5	6	7	8	9	10
スマホ・携帯充電器	1	2	3	4	5	6	7	8	9	10
カメラ用メモリーカード	1	2	3	4	5	6	7	8	9	10
カメラ用充電器	1	2	3	4	5	6	7	8	9	10
筆記用具	1	2	3	4	5	6	7	8	9	10
傘・雨具	1	2	3	4	5	6	7	8	9	10
常備薬	1	2	3	4	5	6	7	8	9	10
全国路面電車の旅手帖	1	2	3	4	5	6	7	8	9	10
	1	2	3	4	5	6	7	8	9	10
	1	2	3	4	5	6	7	8	9	10
	1	2	3	4	5	6	7	8	9	10
	1	2	3	4	5	6	7	8	9	10
交通系のICカード	1	2	3	4	5	6	7	8	9	10
地図・ガイド	1	2	3	4	5	6	7	8	9	10
スマホ・携帯予備バッテリー	1	2	3	4	5	6	7	8	9	10
カメラ	1	2	3	4	5	6	7	8	9	10
カメラ予備バッテリー	1	2	3	4	5	6	7	8	9	10
時計・腕時計	1	2	3	4	5	6	7	8	9	10
時刻表	1	2	3	4	5	6	7	8	9	10
健康保険証	1	2	3	4	5	6	7	8	9	10
飲料水	1	2	3	4	5	6	7	8	9	10
	1	2	3	4	5	6	7	8	9	10
	1	2	3	4	5	6	7	8	9	10
	1	2	3	4	5	6	7	8	9	10
	1	2	3	4	5	6	7	8	9	10
	1	2	3	4	5	6	7	8	9	10

旅の記録

年月日	乗車路線、区間、車両など
年　月　日（　）	
年　月　日（　）	
年　月　日（　）	
年　月　日（　）	
年　月　日（　）	
年　月　日（　）	
年　月　日（　）	
年　月　日（　）	
年　月　日（　）	
年　月　日（　）	
年　月　日（　）	
年　月　日（　）	
年　月　日（　）	

年月日	乗車路線、区間、車両など
年　月　日（　）	
年　月　日（　）	
年　月　日（　）	
年　月　日（　）	
年　月　日（　）	
年　月　日（　）	
年　月　日（　）	
年　月　日（　）	
年　月　日（　）	
年　月　日（　）	
年　月　日（　）	
年　月　日（　）	
年　月　日（　）	

＜カバー / 表紙デザイン＞
APRIL FOOL Inc.

＜本文デザイン＞
フェルマータ

＜地図＞
株式会社東京地図研究社

＜編集・執筆＞
株式会社天夢人 『旅と鉄道』編集部
真柄智充・北村　光・西森　聡

＜企画＞
技術評論社
渡部　尚

＜写真協力＞
各路面電車運営団体、札幌コンベンションビューロー・函館市公式観光情報サイト「はこぶら」・世田谷区広報広聴課・豊橋市観光振興課・豊橋観光コンベンション協会・とやま観光推進機構・富山市ガラス美術館・清水省吾（NPO 法人ふくい路面電車とまちづくりの会 /ROBA）・福井県観光連盟・びわこ大津観光協会・京都市メディア支援センター・堺観光コンベンション協会・おかやま観光コンベンション協会・広島県観光連盟・松山観光コンベンション協会・長崎旅ネット・公益社団法人鹿児島県観光連盟・鹿児島観光コンベンション協会・西森聡・坪内政美・天夢人

※この地図の作成に当たっては、国土地理院長の承認を得て、同院発行の数値地図（国土基本情報）電子国土基本図（地図情報）を使用した。
（承認番号　平 28 情使、第 396 号）

大人《おとな》の趣味採集帳《しゅみさいしゅうちょう》シリーズ

ぬりつぶし「全国路面電車《ぜんこくろめんでんしゃ》」の旅手帖《たびてちょう》

2016 年 11 月 25 日　初版　第 1 刷発行

著　者　　旅《たび》と鉄道《てつどう》 編集部《へんしゅうぶ》

発行者　　片岡　巌
発行所　　株式会社技術評論社
東京都新宿区市谷左内町 21-13
電話　03-3513-6150　販売促進部
03-3513-6166　書籍編集部

印刷／製本　株式会社加藤文明社

ISBN978-4-7741-8485-2　C2026
Printed in Japan

ご意見・ご感想は、下記の宛先まで FAX または書面にてお寄せください。
宛先：　〒 162-0846　東京都新宿区市谷左内町 21-13
株式会社　技術評論社　書籍編集部
「ぬりつぶし「全国路面電車」の旅手帖」係
FAX：03-3513-6183

広島電鉄
岡山電気軌道
嵐電
福井鉄道福武線
京阪大津線
とさでん交通
阪堺電気軌道
豊鉄市内線
(東田本線)
N